Editorial

Immer auf der Suche nach Inspirationen: Grafikerin Daniela Unterstab, Chefredakteurin Gabriele Mühlen, Bildredakteurin Victoria Schneider (v. l.)

„Wir suchten nie den Erfolg, wir suchten das Glück – der Erfolg kam später" – dieses Zitat von Spitzenkoch Ferran Adrià lässt sich wunderbar auf die Food-Blog-Szene übertragen, denn die meisten Food-Blogger starten ihre Webseite aus einem Hobby, einer Leidenschaft heraus. Was sie und uns verbindet, ist der Spaß am Kochen und Essen, an frischen Zutaten, einer kreativen Zubereitung und natürlich am Genuss. Dieses FoodBook zeigt nun das Ergebnis: die besten Rezepte preisgekrönter Blogger! Sie alle haben beim Food Blog Award auf dem Siegertreppchen gestanden und die begehrte Trophäe mit nach Hause genommen.

Von Kleinigkeiten wie „Stullen de luxe" über Hauptmahlzeiten, zum Beispiel „Rote-Bete-Risotto mit Zander und Kokosschaum" oder „Gegrillte Aubergine mit Büffelmozzarella", bis zu Süßem, etwa „Kirschsorbet", Kuchen wie „New York Cheesecake" und Getränken wie dem „Superfruit-Smoothie" – hier vereinen sich vielfältige Rezepte für jeden Tag und jeden Geschmack, immer frisch, lecker und authentisch. Mit ihrer Leidenschaft haben die Food-Blogger uns zu diesem Bookazine inspiriert, denn sie bringen – um es mit Food-Blog-Award-Jurymitglied und -Laudator Ralf Zacherl zu sagen – „die Leute an den Herd".

Viel Spaß beim Nachkochen und Genießen!

Herzlichst Ihre Gabriele Mühlen
und das FoodBook-Team

Inhalt

Unsere Food-Blog-Stars

Wir dürfen vorstellen: Blogger mit Herz und Seele, alle mit einer unbändigen Liebe zu Essen und Fotografie – und doch alle einzigartig durch ihre Geschichte, ihre Vorlieben, ihren Geschmack. Sie sind die Finalisten des **Food Blog Awards 2015.** *838 Blogger hatten sich um die begehrte Auszeichnung beworben. Es gab* **je drei Sieger in neun Kategorien** *von Bestes Rezept über Bestes Design bis zu Spezialgebieten wie Nachhaltigkeit. Zudem gab es den Sonderpreis der Jury mit Experten aus Food, Fotografie und Blogs sowie einen Leserpreis von BurdaLife (dazu gehören Titel wie Lust auf Genuss, ARD Buffet Magazin, Sweet Dreams). Hier die Gewinner:*

ICH bin 28 Jahre, Expertin für Online-Kommunikation aus Salzburg
MEIN BLOG besteht seit 2013, beschäftigt sich mit Kulinarischem aus Salzburg, Rezepten, Genuss, Design
ICH BLOGGE, WEIL es Spaß macht und mir neue Bekanntschaften beschert

ICH bin 31 Jahre, Schauspieler aus Ulm
MEIN BLOG besteht seit 2012. Er beinhaltet außergewöhnliche Backrezepte mit ausgefallenen Zutatenkombinationen, Trends, kreative Eistees
ICH BLOGGE, WEIL ich vor allem auch Männer zum Backen animieren möchte

ICH bin 27 Jahre, Ärztin aus Zürich
MEIN BLOG besteht seit 2012 und ist meine persönliche Spielwiese aus Zucker und Mehl
ICH BLOGGE, WEIL es der perfekte Ausgleich ist und meine Leidenschaft fürs Backen, Fotografieren, Reisen vereint

WIR 32 Jahre, Grafik- und Webdesigner aus Ulm
UNSER BLOG besteht seit 2011, beschäftigt sich mit veganer Ernährung
WIR BLOGGEN, WEIL wir zeigen möchten, dass das super-spannend, lecker ist und nichts mit Verzicht zu tun hat

WIR sind 32 & 37 Jahre, aus der Nähe von Stuttgart und Genuss-Menschen
UNSER BLOG besteht seit 2009. Wir lieben gutes, saisonales Essen, das gerne auch etwas gesünder sein darf
WIR BLOGGEN, WEIL Essen, Genuss, Reisen unsere größten Hobbys sind

WIR sind 45 und 51 Jahre, freiberufliche Kreativschaffende aus Berlin
UNSER BLOG besteht seit 2013 und ist unser Zuhause in Sachen Essen (vegetarisch & vegan), Trinken, Fotografieren
WIR BLOGGEN, WEIL es (nicht nur kulinarisch) den Horizont erweitert & inspiriert

Tine & Jasmin Sotta, Tanja & Carina Farwick
www.foodistas.de

WIR sind 27, 30, 32, 30 Jahre, leben in Osnabrück (2), Düsseldorf und Mainz **UNSER BLOG** besteht seit einem Jahr und hat uns noch näher zusammengebracht **WIR BLOGGEN, WEIL** es ein Riesenspaß ist, sich untereinander und mit anderen immer wieder neu zu inspirieren

Denise Schuster
www.foodlovin.de

ICH bin 31 Jahre, Food-Stylistin aus Düsseldorf, Food- und Foto-verrückt **MEIN BLOG** besteht seit Ende 2013, macht Lust auf Neues in der Küche, erzählt Geschichten, geht auf Reisen **ICH BLOGGE, WEIL** ich das schon immer wollte: kochen, fotografieren, schreiben

Eva Fischer
www.foodtastic.at

ICH bin 29 Jahre, Food-Fotografin & -Stylistin, Ernährungscoach aus Wien **MEIN BLOG** besteht seit Ende 2013 – mit ausgefallenen und ausschließlich glutenfreien Rezepten **ICH BLOGGE, WEIL** ich Zöliakie habe und eh jeden Tag frisch kochen muss

Silke Haun
www.fraeulein-gluecklich.blogspot.co.at

ICH bin 49, Autorin, geboren in Frankfurt am Main, lebe im schönen Zillertal. **MEIN BLOG** besteht seit drei Jahren. Meine Rezepte sind easy-peasy, ohne viel Tamtam und machen dennoch was her **ICH BLOGGE, WEIL** ich mir ein Leben ohne Blog nicht mehr vorstellen kann

Claudia Braunstein
www.geschmeidigekoestlichkeiten.at

ICH bin 52 Jahre, lebe in Salzburg **MEIN BLOG** besteht seit 2012, mit genussvollen, barrierefreien Rezepten und Restaurant-Empfehlungen für Menschen mit Kau- und/oder Schluckstörungen **ICH BLOGGE** aus eigener Betroffenheit und möchte anderen Mut machen

Brigitte Schwarz
www.goats.today

ICH bin 32 Jahre, Ziegenbäuerin & Bankangestellte aus Hittisau **MEIN BLOG** besteht seit Mai 2014. Ich blogge über „goats" (mundartlich für „Gutes") aus dem Bregenzer Wald **ICH BLOGGE, WEIL** man aus wenig guten Produkten mit Liebe Tolles kochen kann

Uwe Spitzmüller
www.highfoodality.com

ICH bin 36 Jahre, aus Nürnberg, Partner in der Agentur Spirit Link Medical **MEIN BLOG** besteht seit 2009 – aus gehobenen Rezepten, leckeren Cocktails, ausgewählten kulinarischen Geschichten **ICH BLOGGE, WEIL** das meine Spielwiese für Genuss, Experimente, Kreativität ist

Tanja Ha
www.ihana.e

ICH bin 36 Jahre alt, wohne bei Stuttgart, bin Lehrerin und freie Texterin **MEIN BLOG** besteht seit April 2013 aus mittlerweile ausschließlich leckeren veganen und glutenfreien Gerichten **ICH BLOGGE, WEIL** ich dadurch alle meine Leidenschaften unter einen Hut bringe

Karin Buhl
www.lisbeths.de

ICH bin 52 Jahre, Event-Managerin, Ehefrau, Mutter und lebe in Oldenburg **MEIN BLOG** – gewidmet Oma Elisabeth, die mir das Backen beibrachte, und meiner Tochter – besteht seit 2013 **ICH BLOGGE, WEIL** Kuchen glücklich macht und Menschen zusammenbringt

Logos für den Überblick *Unter den Rezept-Titeln stehen Symbole, die eine schnelle Einordnung ermöglichen – etwa ob ein Gericht vegan oder glutenfrei ist*

Vegetarisch **Vegan** **Zuckerfrei** **Laktosefrei** **Glutenfrei** **Low Carb** **Ohne Nüsse**

Lina-Maria Schön
www.mandelmilchcashewmus.de

ICH bin 26 Jahre, Lehrerin aus Mainz
MEIN BLOG besteht seit März 2014. Hier dreht sich alles um die Balance im Leben – entlastende Wohlfühlküche, immer vegan, glutenfrei und sojafrei
ICH BLOGGE, WEIL ich denke, dass kleine Impulse eine Menge bewegen können

Rosa Maria Lasdica
www.mediterranealicious.com

ICH bin 39 Jahre, Budget-Analyst aus Wiesbaden
MEIN BLOG besteht seit 2013 – eine kulinarische Reise durchs Mittelmeer
ICH BLOGGE, WEIL ich mit meiner Leidenschaft für die Aromen des Mittelmeers auch euch dafür begeistern möchte

Jennifer Friedrich
www.monsieurmuffin.de

ICH bin 35 Jahre, Grafikerin aus Rheda-Wiedenbrück
MEIN BLOG besteht seit zwei Jahren. Hier findet ihr leckere Kuchen, zauberhafte Cupcakes, feine Törtchen, Nachtisch
ICH BLOGGE, WEIL meine Leidenschaft mit anderen zu teilen, mich happy macht

Sylvia Jost
www.sylviesgerichtekueche.de

ICH bin 34, Journalistin aus Berlin
MEIN BLOG besteht seit Mai 2014. Gute Fotos und kurzweilige Texte machen hier Appetit auf mehr
ICH BLOGGE, WEIL ich Genießer bin, über Kochevents, Restaurants, kulinarische Reisen und wo die Welt fantastisch is(s)t

Christina Bumann
www.tinastausendschoen.de

ICH bin Mitte 40, GF-Assistentin aus Bretten in Baden-Württemberg
MEIN BLOG besteht seit 2013
ICH BLOGGE, WEIL die Freude an der schönsten Nebensache der Welt – nämlich Kochen, Backen und Genießen – nur durch Teilen noch größer wird

Christine Garcia Urbina
www.trickytine.com

ICH bin 39, Vertriebsassistentin aus Stuttgart
MEIN BLOG besteht seit Mai 2014
ICH BLOGGE, WEIL ich mich in meiner Art zu den schönsten Themen der Welt, Essen & Trinken, ausdrücken, ausleben, austauschen und verwirklichen kann

Lea Green
www.veggi.es

ICH bin 38 Jahre, Filmemacherin und Kochbuchautorin aus Berlin
MEIN BLOG besteht seit Juni 2013
ICH BLOGGE, WEIL ich zeigen möchte, wie vielfältig und köstlich die vegane Küche ist und hoffe, möglichst viele für den veganen Lifestyle zu begeistern

Tanja Neumann
www.vielweib.de

ICH bin 44 Jahre, Referentin Internet & Multimedia aus Krefeld
MEIN BLOG besteht seit 2010. Themenschwerpunkte sind Reisen und Ausflüge – dabei kommt Kulinarik nie zu kurz
ICH BLOGGE, WEIL Genussreisen meine liebste Art sind, unterwegs zu sein

Einige Blogger wurden gleich in mehreren Kategorien ausgezeichnet – die jeweiligen ***Platzierungen*** *sind bei den Rezepten vermerkt.*

Gut zu wissen

Einige Rezepte haben wir zusätzlich gekennzeichnet. Den pinkfarbenen „we like!"-Button tragen die Sonderpreise (Preis der Jury und Burda-Life-Leserpreis). Mit einem gelben Button werden die Gewinner der Kategorien „Bestes Food-Picture" und „Bestes Rezept" hervorgehoben.

ZWILLING
J.A.HENCKELS
ZWILLING
J.A.HENCKELS
ZWILLING® PRO
FRIODUR ICE HARDENED
38401-200 (8") NO STAIN
MADE IN
GERMANY
ZWILLING. Passion for the best.
Since 1731.

Kleinigkeiten

Röstmöhren-Hummus

Vegan Zuckerfrei Laktosefrei Glutenfrei Low Carb

Zutaten für 2 Personen
Zubereitungszeit: 30 Minuten
Backzeit: 30–45 Minuten

Zutaten:

5 große Möhren
6 dicke Knoblauchzehen
2 EL neutrales Öl
Meersalz
schwarzer Pfeffer
2 EL Tahin
1 EL Olivenöl
2 EL sehr kaltes Wasser
1 TL Räucherpaprika
1 TL Cumin
Saft von 1 Zitrone
1–2 TL Za'atar

Zu einem Picknick gehören für uns viele leckere Kleinigkeiten – und diese ist einer unserer Lieblinge. Abgesehen von der Backzeit ist das Hummus mühelos zuzubereiten und steckt voller Aroma.

Und so wird's gemacht:

1. Möhren putzen, längs halbieren und in grobe Stücke schneiden. Die Knoblauchzehen schälen. Möhren und Knoblauch in neutralem Öl wenden, dicht an dicht in einen kleinen Bräter geben und mit Salz und Pfeffer würzen.

2. Bei 180 °C Ober-/Unterhitze je nach Dicke 30 bis 45 Minuten backen, bis die Möhren und der Knoblauch weich sind. Dabei ab und an wenden.

3. Das Gemüse etwas abkühlen lassen. Dann mit Tahin, Olivenöl, Wasser, Räucherpaprika, Cumin, Zitronensaft, Salz und Pfeffer mischen und fein pürieren. Vor dem Servieren Za'atar über den Hummus streuen.

Bester Blog – *Englisch*

Arne Schmidt & Claudia Hirschberger
www.foodviewberlin.com

Tomaten-Schafskäse-Tarte

Vegetarisch Zuckerfrei Ohne Nüsse

Zutaten für 12 Stück
Zubereitungszeit: ca. 25 Minuten
Backzeit: 10–15 Minuten

Für den Teig:

1 Pck. Blätterteig (aus dem Kühlregal)

Für die Füllung:

ca. 20 Kirschtomaten
200 g Schafskäse
Salz, Pfeffer
frischer Thymian
Olivenöl

Und so wird's gemacht:

1. Den Backofen auf 220 °C Ober-/Unterhitze vorheizen und den Blätterteig in 12 gleich große Quadrate schneiden. Das geht prima mit einer Küchenschere. Beim Blätterteig aus dem Kühlregal ist schon gleich das Backpapier dabei. Die Quadrate mit dem Backpapier können so einfach in die Mulden der Muffinform gelegt werden.

2. Anschließend die Tomaten waschen und halbieren. Den Schafskäse in kleine Würfel schneiden. Alles zusammen in die Blätterteig-Quadrate geben. Mit Salz und Pfeffer würzen und je nach Geschmack ein paar Thymianblätter darüberstreuen. Mit ein wenig Olivenöl beträufeln und ca. 10–15 Minuten goldbraun backen.

Bester Blog – *Backen*

www.monsieurmuffin.de

INPETTO
FIOR DI SALE

Farinata di ceci (Kichererbsenfladen) mit Rote-Bete-Dip und gegrillten Zucchini

Vegetarisch Zuckerfrei Glutenfrei Ohne Nüsse

Zutaten für 4 Personen
Zubereitungszeit (ohne Ruhezeit): 60 Minuten
Backzeit: 30 Minuten

Für die Farinata di ceci (Kichererbsenfladen):

150 g Kichererbsenmehl
400 ml Wasser
Salz
100 ml Olivenöl
frisch gehackter Rosmarin

Für den Rote-Bete-Dip:

2 mittelgroße Rote-Bete-Knollen (vakuumiert)
120 g Schmand
2 TL Olivenöl
Salz, Pfeffer
Abrieb von ½ Zitrone

Für die gegrillten Zucchini:

2 mittelgroße Zucchini
Fleur de Sel
Olivenöl
2 Knoblauchzehen
frisch gezupfter Thymian

Und so wird's gemacht:

1. Für die Fladen das Kichererbsenmehl mit Wasser und Salz verrühren und abgedeckt im Kühlschrank für etwa 5 Stunden gehen lassen. Backofen auf 200 °C Umluft vorheizen. Eine Auflaufform mit reichlich Olivenöl einpinseln. Das restliche Öl zur Teig-Mischung geben, ordentlich verrühren und evtl. nochmals mit Salz abschmecken. Teig in die Auflaufform geben und im heißen Ofen ca. 15 Minuten backen. Den gehackten Rosmarin über die Farinata verteilen und weitere 15 Minuten backen, bis der Teig goldbraun und knusprig ist.

2. Für den Dip die Rote Bete mit einer Küchenreibe zerkleinern. Dabei evtl. Einmalhandschuhe anziehen. Schmand, Olivenöl, Salz, Pfeffer und frischen Zitronenabrieb hinzugeben und ordentlich verrühren.

3. Für die gegrillten Zucchini das Gemüse waschen, die Endstücke entfernen und der Länge nach in gleich große Scheiben schneiden. Die Scheiben von beiden Seiten gut salzen. Eine Grillpfanne mit Olivenöl einpinseln und die Zucchini darin goldbraun braten. Beiseitestellen. Den Knoblauch fein hacken und kurz in der heißen Pfanne duftend braun anbraten. Den gebratenen Knoblauch, reichlich Olivenöl und etwas frisch gezupften Thymian über die gebratenen Zucchini geben und einige Stunden abgedeckt ziehen lassen.

Bestes – *Design*

Christine Garcia Urbina
www.trickytine.com

Ajvar-Zucchini-Röllchen mit Mayonnaise, Zitronencreme und Tamari-Mandeln

Vegetarisch

Zutaten für 4 Personen
Zubereitungszeit: 60 Minuten

Für die Tamari-Mandeln:
100 g Mandelstifte
1 EL Sesamöl
2 EL Sojasoße
2 Msp. Aktivkohle

Für die Miso-Mayonnaise:
2 EL Mayonnaise
½ TL Miso-Paste

Für die Zitronencreme:
130 g Zitronen
95 g Wasser
30 g Zucker
10 g Butter

Für die Röllchen:
2 kleine grüne Zucchini
2 kleine gelbe Zucchini
3 EL Ajvar
Brunnenkresse

Extras:
2 Einwegspritzbeutel

Und so wird's gemacht:

1. Für die Tamari-Mandeln die Mandelstifte mit dem Sesamöl und der Sojasoße vermischen und etwa 15 Minuten marinieren lassen. Auf einem Backblech verteilen und im vorgeheizten Ofen bei 160 °C Ober-/Unterhitze etwa 10 Minuten rösten, danach auskühlen lassen. Die Mandeln mit der Aktivkohle in einen Mixer geben und kurz impulsartig zerkleinern.

2. Für die Miso-Mayonnaise die Mayonnaise mit der Miso-Paste verrühren. In einen Spritzbeutel füllen und kalt stellen.

3. Für die Zitronencreme die Zitronen bei 140 °C im Ofen weich garen. Das Wasser aufkochen und den Zucker darin auflösen. Die Zitronen mit der Butter und dem Zuckerwasser fein pürieren. In einen Spritzbeutel füllen und kalt stellen.

4. Für die Ajvar-Zucchini-Röllchen die Zucchini waschen und mit einem Sparschäler Scheiben von den Zucchini abschneiden. Eine grüne Scheibe mit Ajvar einpinseln. Darauf eine gelbe legen, einpinseln und den Vorgang wiederholen, bis je 4 Scheiben aufeinanderliegen. Die Scheiben aufrollen. Den Grill auf 180 °C vorheizen und die Röllchen vorsichtig von jeder Seite etwa 3 Minuten grillen.

5. Die Röllchen mit der Zitronencreme, der Miso-Mayonnaise und den Tamari-Mandeln anrichten. Mit Brunnenkresse dekorieren.

Bestes – *Food-Picture*

www.highfoodality.com

Bestes Food-Picture
3.

Smørrebrød

Zutaten für jeweils 2 Personen
Zubereitungszeit: ca. 60 Minuten

Rote-Bete-Aufstrich:
1 kleine vorgekochte Rote Bete (vakuumiert)
4 EL Frischkäse
1 TL Tahini-Paste
1 TL Honig
Salz, Pfeffer
2 geräucherte Forellenfilets
1 Handvoll Rettichkresse

Curry-Aufstrich:
4 EL Frischkäse
1 TL Currypulver
1 TL Orangensaft
Salz, Pfeffer, Chili
4 Scheiben Rohschinken
2 TL rote Pfefferbeeren
2 TL essbare Blüten

Ziegenfrischkäse-Aufstrich:
4 EL Ziegenfrischkäse
Salz, Pfeffer, Thymian
2 EL Zwiebel-Confit
2 Feigen

Avocado-Aufstrich:
1 Avocado
Zitronensaft, Salz, Pfeffer
2 EL Nordsee-Krabben
2 Scheiben Zitrone

Honig-Senf-Aufstrich:
4 EL Honig-Senf-Soße
2 Scheiben geräucherter Lachs
2 Scheiben Zitrone

Gorgonzola-Walnuss-Aufstrich:
4 EL Frischkäse
2 EL Gorgonzola
2 EL gehackte Walnüsse
Salz, Pfeffer, Thymian
4 Birnenscheiben
ein paar Walnüsse

Extras:
12 Scheiben Vollkornbrot

Und so wird's gemacht:

1. Für den Rote-Bete-Aufstrich die Rote Bete pürieren. Mit Frischkäse, Tahini, Honig, Salz und Pfeffer verrühren. Die Creme auf 2 Scheiben Brot streichen. Mit je 1 Forellenfilet belegen und mit Rettichkresse bestreuen.

2. Für den Curry-Aufstrich den Frischkäse mit Currypulver, Orangensaft, Salz, Pfeffer und etwas Chili verrühren. Auf 2 Scheiben Brot streichen, mit je 2 Scheiben Rohschinken belegen und je 1 TL rote Pfefferbeeren und essbaren Blüten bestreuen.

3. Für den Ziegenfrischkäse-Aufstrich den Ziegenfrischkäse mit Salz, Pfeffer und Thymian vermischen. Auf 2 Scheiben Brot streichen, mit je 1 EL Zwiebel-Confit und ein paar Feigenscheiben belegen. Mit etwas Thymian bestreuen.

4. Für das Avocado-Mus 1 Avocado zerdrücken und mit etwas Zitronensaft, Salz und Pfeffer vermengen. Auf 2 Scheiben Brot streichen und mit je 1 EL Krabben und 1 Zitronenscheibe belegen.

5. Je 2 EL Honig-Senf-Soße auf 2 Scheiben Brot streichen. Mit je 1 Scheibe Lachs und 1 Zitronenscheibe belegen.

6. Für den Gorgonzola-Walnuss-Aufstrich den Frischkäse mit Gorgonzola, Walnüssen, Salz, Pfeffer und etwas Thymian verrühren. Die Creme auf 2 Scheiben Brot streichen und mit je 2 Birnenscheiben und ein paar Walnüssen garnieren.

Bestes – *Rezept*

www.tinastausendschoen.de

Überbackene Auberginen mit Chimichurri

Vegan Zuckerfrei Glutenfrei Low Carb

Zutaten für 3–4 Personen
Zubereitungszeit: 35 Minuten

Zutaten:

500 g Auberginen
150 g braune Champignons (geputzt)
2 TL Kokosöl
2 EL Mandelmus (ungesüßt)
3 EL Wasser
1 ½ EL Nährhefe
Meersalz
Pfeffer
50 g Petersilie
10 g Koriander
80 ml Olivenöl
30 ml Apfel- oder Rotweinessig
1 kleine Chilischote
3 Knoblauchzehen
2 TL Kapern (optional)

Dieses Rezept ist mein To-go-Mittagessen geworden. Es geht wirklich schnell und es gibt so viele Variationsmöglichkeiten. Ich serviere dazu am liebsten Hummus und einen bunten Salat.

Und so wird's gemacht:

1. Ofen auf 220 °C Ober-/Unterhitze vorheizen. Die Auberginen waschen, in etwa 1,5 cm breite Scheiben schneiden. Die Champignons grob hacken. Die Auberginenscheiben auf einer Seite mit etwas Kokosöl einreiben und mit der Öl-Seite nach unten auf ein Blech legen.

2. Mandelmus, Wasser und Nährhefe zu einer glatten Paste vermischen. Sie sollte dickflüssig vom Löffel tropfen. Mit Salz und Pfeffer abschmecken.

3. Petersilie, Koriander, Olivenöl, Apfelessig, Chilischote, Knoblauch und Kapern in den Mixer geben und alles zur gewünschten Konsistenz mixen. Die Chimichurri-Soße mit etwas Salz und Pfeffer abschmecken.

4. Die Auberginen mit Chimichurri einstreichen, die Champignons darüberstreuen und die Mandelcreme darauf verteilen. Alles in den Ofen geben und für etwa 20 Minuten backen, bis die Auberginenränder knusprig aussehen und das Mandelmus goldbraun ist.

Bester Blog – *Nachhaltigkeit*

www.mandelmilchcashewmus.de

Rote Zwiebelmarmelade

Vegan Laktosefrei Glutenfrei Ohne Nüsse

Zutaten für 2 große Marmeladengläser
Zubereitungszeit: 60 Minuten

Zutaten:

1 kg rote Zwiebeln
5 EL Olivenöl
6 Zweige frischen Thymian
4 Lorbeerblätter
1 Zimtstange
1 EL Salz
200 g braunen Rohrzucker
200 ml Aceto-Balsamico
gemahlener Pfeffer

Und so wird's gemacht:

1. Die roten Zwiebeln schälen und in feine Scheiben schneiden. Manche hacken die Zwiebeln in ganz kleine Stücke. Ich persönlich finde es schöner, wenn die Marmelade etwas stückiger ist.

2. Olivenöl in einer Pfanne erhitzen, die Zwiebeln darin für einige Minuten glasig dünsten. Thymianblätter abzupfen, mit Lorbeerblättern, der Zimtstange, Salz und Zucker zu den Zwiebeln in die Pfanne geben und kurz mitdünsten. Mit Aceto-Balsamico ablöschen und alles für etwa 45 Minuten offen auf kleiner Stufe köcheln lassen. Dabei immer wieder gut umrühren. Die Marmelade sollte schön dicklich eingekocht sein.

3. Zum Schluss die Zimtstange und die Lorbeerblätter herausnehmen. Die Marmelade final abschmecken, mit Pfeffer würzen und in ausgekochte Gläser abfüllen.

Bestes – *Rezept*

www.trickytine.com

Stullen de luxe mit Zitronen-Basilikum-Limonade

Vegan Laktosefrei Ohne Nüsse

Zutaten für 4 Personen
Zubereitungszeit: 60 Minuten

Für die Creme:

1 kg frische dicke Bohnen
3 Zweige Thymian
2 Knoblauchzehen (durchgepresst)
½ TL Fenchelsamen
Saft und Schale von 1 Zitrone
3 EL Olivenöl
frisch gemahlener Pfeffer
Meersalz

Für den Belag:

8 kleine Möhren mit Grün
Olivenöl zum Braten
Meersalz
frisch gemahlener Pfeffer
2 Handvoll Rauke-Blätter
2 Handvoll Blutampfer-Blätter
4 EL Brokkoli- oder andere Sprossen
2 Strauchtomaten
1 kleine rote Zwiebel
8 Scheiben Kasten-Vollkornbrot
4 geh. TL Aprikosen- oder Mango-Chutney

Für die Limonade:

Saft von 2 sehr reifen Zitronen
2 EL Rohrohrzucker
einige Blätter Basilikum
750 ml Wasser

Wenn wir unterwegs sind, packen wir uns gern ein Picknick ein – und Stullen gehen immer. Wir belegen sie bunt und üppig mit Zutaten der Saison und selbst gemachten Basics wie Chutneys.

Und so wird's gemacht:

1. Bohnen aus den Hülsen palen, 5 Minuten kochen, abgießen und kalt abschrecken. Mit einem scharfen Messer anritzen und die Kerne aus den Häuten pressen. Thymian waschen und Blättchen abzupfen, mit Bohnenkernen, Knoblauch, Fenchel, Zitronensaft und Olivenöl pürieren. Mit Pfeffer und Salz abschmecken, Zitronenschale unterziehen.

2. Möhren waschen und putzen, dabei etwas Grün stehen lassen. Der Länge nach halbieren und in Olivenöl von beiden Seiten wenige Minuten anbraten, sodass sie noch Biss haben. Mit Salz und Pfeffer abschmecken. Rauke und Blutampfer waschen und trocken schütteln. Sprossen gründlich spülen und abtropfen lassen. Tomaten in Scheiben und rote Zwiebel in dünne Ringe schneiden.

3. Die Brotscheiben dünn mit Bohnencreme bestreichen. Auf 4 Scheiben zuerst das Blattgrün, dann Tomatenscheiben und die restliche Bohnencreme verteilen. Je 4 Möhrenhälften daraufgeben, etwas Chutney darüber verteilen. Mit Zwiebelringen und Sprossen abschließen. Die 4 übrigen Brotscheiben auflegen.

4. Für die Limonade den frisch gepressten Zitronensaft mit 2 EL Rohrohrzucker mischen und mit ein paar Blättern Basilikum ganz fein pürieren. Durch ein Sieb geben und mit Wasser aufgießen.

Bestes – *Rezept*

Arne Schmidt & Claudia Hirschberger
www.foodviewberlin.com

Bestes
Rezept
1.

Basilikum-Pesto-Zopf

Vegetarisch

Zutaten für 8 Personen
Zubereitungszeit (ohne Ruhezeit): 30 Minuten
Backzeit: 30 Minuten

Für den Teig:

20 g frische Hefe oder 7 g Trockenhefe
160 ml Milch
½ TL Zucker
300 g Mehl
30 ml Öl
1 TL Salz

Für die Füllung:

3–4 EL Basilikum-Pesto
1 Kugel Mozzarella (optional)
etwas Olivenöl

Und so wird's gemacht:

1. Die Hefe mit lauwarmer Milch und Zucker in einer großen Schüssel verrühren, bis sie sich vollständig aufgelöst hat. Mehl, Öl und Salz unterrühren und alles zu einem glatten Teig kneten. Abdecken und ca. 1 Stunde lang ruhen lassen.

2. Den Teig auf einer Arbeitsplatte mit einem Nudelholz zu einem Rechteck ausrollen (ca. 40 x 20 cm). Alternativ für 2 kleinere Zöpfe den Teig in 2 Hälften schneiden. Die Teigoberfläche mit Pesto bestreichen. Dabei einen schmalen Rand auslassen. Optional den in kleine Stücke geschnittenen Mozzarella auf dem Pesto verteilen.

3. Das Rechteck der Länge nach aufrollen. Anschließend auf ein mit Backpapier ausgelegtes Backblech legen. Sollten die Rollen zu lang sein, einfach diagonal auf das Backblech platzieren. Den gerollten Teig der Länge nach in der Mitte durchschneiden. Beide Hälften mit der Schnittfläche nach oben hinlegen. Dann mit dem Flechten beginnen. Beide Enden jeweils leicht zusammendrücken.

4. Den Zopf mit etwas Olivenöl bestreichen. Hierbei auf die Menge achten, da das Basilikum-Pesto bereits reichlich Olivenöl enthält. Ca. 30 Minuten bei 180 °C Ober-/Unterhitze im vorgeheizten Ofen backen.

Bester Blog – *Englisch*

www.mediterranealicious.com

Knusprige Süßkartoffel-Pommes mit Kokos-Mayo

Vegetarisch Zuckerfrei Glutenfrei

Zutaten für 2–3 Personen
Zubereitungszeit (ohne Ruhezeit): 40 Minuten
Backzeit: 20–25 Minuten

Für die Pommes:

2 Süßkartoffeln
2 EL Stärke (Kartoffelstärke, Maisstärke, Reismehl oder Ähnliches)
1 TL Smoked Paprika (oder normales Paprikapulver)
1 Eiweiß
etwas Rapsöl
grobes Meersalz

Für die Kokos-Mayo:

1 Dose Kokosmilch aus dem Kühlschrank
1 EL Zitronensaft
1 TL Honig
2 EL Olivenöl
Salz, Pfeffer

Bestes – *Food-Picture*

www.foodlovin.de

Das beliebteste Rezept auf meinen Blog: wirklich knusprige Süßkartoffelpommes – ganz ohne Friteuse.

Und so wird's gemacht:

1. Die Süßkartoffeln schälen und in ca. 1 cm dicke Pommes schneiden. In eine große Schüssel mit Wasser geben und mindestens 1 Stunde oder über Nacht darin wässern.

2. Ofen auf 230 °C Ober-/Unterhitze vorheizen. Die Süßkartoffel-Sticks abtropfen lassen und mit einem Tuch abtupfen. Einen großen Plastikbeutel mit Stärke füllen und die Hälfte der Süßkartoffel-Sticks dazugeben. So verschließen, dass viel Luft in der Tüte bleibt. Kräftig schütteln, bis alle Pommes gleichmäßig mit Stärke bedeckt sind. Herausnehmen und mit den restlichen Pommes ebenso verfahren.

3. Die Süßkartoffel-Sticks zurück in die Schüssel geben und im Smoked Paprikapulver wenden. Das Eiweiß steif schlagen, zu den Süßkartoffeln geben und unterheben. Ein Stück Backpapier leicht mit Rapsöl bestreichen und die Süßkartoffeln mit genügend Abstand darauflegen. Auf keinen Fall zu eng oder übereinanderlegen! In den Backofen schieben. Nach 10 Minuten wenden, dabei wieder auf genügend Abstand achten. Weitere 10 bis 15 Minuten backen, bis die Pommes langsam braun werden.

4. Inzwischen für die Mayo die Dose Kokosmilch öffnen und die feste Creme, die sich durch das Kühlen oben abgesetzt hat, herauslöffeln. Zusammen mit Zitronensaft und Honig in einen Mixer geben, glatt pürieren. Den Mixer auf niedriger Stufe laufen lassen und tröpfchenweise das Olivenöl hinzugeben. Mit Salz und Pfeffer abschmecken.

5. Ofen ausschalten und die Süßkartoffel-Pommes bei offener Tür noch einige Minuten ruhen lassen. Mit Meersalz würzen und mit Mayo genießen.

Lüske
AWARD
FOOD BLOG

Hauptmahlzeiten

Rote-Bete-Risotto mit Zander und Kokosschaum

Zuckerfrei Glutenfrei

Zutaten für 4 Personen
Zubereitungszeit: 45 Minuten

Für das Risotto:
2 Rote-Bete-Knollen
1 Schalotte
1 l Gemüsebrühe
2 EL Butter
250 g Risottoreis
150 ml Rotwein
40 g Parmesan
150 ml Kokosmilch
frischer Koriander

Für den Fisch:
600 g Zanderfilet
2 EL Kokosöl
1 Bio-Limette (Saft und Schale)
Salz, Pfeffer

Rote Bete gibt diesem Risotto eine unglaublich tolle Farbe und einen fantastischen Geschmack.

Und so wird's gemacht:

1. Rote-Bete-Knollen mit Handschuhen schälen und in Würfel (ca. 1 x 1 cm) schneiden. Die Schalotte schälen und fein würfeln. Die Gemüsebrühe in einem Topf erhitzen und die ganze Zeit über auf kleiner Flamme warm halten.

2. 1 EL Butter in einem hohen Topf erhitzen und die Schalotten darin andünsten. Den Risottoreis dazugeben und mit anrösten. Dann die Rote-Bete-Würfel dazugeben und alles noch mal durchschwenken. Mit dem Rotwein ablöschen und einkochen lassen.

3. Nach und nach eine Kelle Gemüsebrühe dazugeben und unter Rühren einkochen lassen. Immer so weitermachen, bis das Risotto al dente gekocht ist (dauert ca. 20–30 Minuten). Das Risotto warm halten. Währenddessen den Fisch abspülen, trockentupfen und das Kokosöl in einer großen Pfanne erhitzen. Den Fisch darin auf der Hautseite kross anbraten. Einmal wenden und bei geringer Temperatur gar ziehen lassen. Mit frisch geriebener Limettenschale und Salz und Pfeffer würzen.

4. Das Risotto noch mal erwärmen. Den Parmesan hineinreiben und zusammen mit 1 EL Butter unterrühren, bis er geschmolzen ist. Die Kokosmilch in einem kleinen Topf erhitzen, mit einem Spritzer Limettensaft würzen und mit dem Stabmixer schaumig aufmixen.

5. Das Risotto auf Teller geben, den Fisch darauflegen und mit dem Kokosschaum beträufeln. Zum Schluss noch ein bisschen frisch gehackten Koriander darüberstreuen.

Bestes Food – Picture

www.foodlovin.de

Bestes
Food-
Picture
2.

Karotten-Mango-Suppe mit Chili

Vegan

Zutaten für 4 Personen
Zubereitungszeit: 40 Minuten

Zutaten:

1 kleine Zwiebel
400 g Karotten (etwa 7–8 Stück)
1 reife Mango
½–1 Chilischote (nach Schärfe-Empfinden dosieren)
2 EL Pflanzenöl
2 TL Agavendicksaft
350 ml vegane Gemüsebrühe
400 ml Kokosmilch
1 Orange
1 Prise gemahlener Kardamom
1–2 EL Zitronensaft
Meersalz
4 EL Pflanzen-Cuisine bzw. Pflanzen-Sahne
1 TL schwarze Sesamkörner
Rucola-Kresse oder Daikon-Rettich-Sprossen zum Garnieren

Und so wird's gemacht:

1. Zwiebel abziehen und würfeln. Karotten waschen und klein schneiden. Das Fruchtfleisch der Mango auslösen und grob zerkleinern. Chilischote in feine Röllchen schneiden.

2. 2 EL Öl in einem Topf erhitzen und die Zwiebelstücke darin anschwitzen. Die Karottenstücke dazugeben, anbraten, nach rund 3 Minuten mit Agavendicksaft karamellisieren lassen. Anschließend die Gemüsebrühe aufgießen. Die Suppe bei mittlerer Hitze köcheln lassen.

3. Nach 10 Minuten Kochzeit die Mangostückchen dazugeben und die Suppe mit 400 ml Kokosmilch aufgießen. Die Suppe nochmals 6–8 Minuten sanft köcheln lassen. Eine Orange auspressen. Den Saft zur Suppe geben und diese mit einem Schneidstab fein pürieren.

4. Karotten-Mango-Suppe mit einer Prise Kardamom, Zitronensaft und Meersalz würzen.

5. Karotten-Mango-Suppe in Schüsseln mit jeweils 1 EL Pflanzen Cuisine beträufeln und mit schwarzen Sesamkörnern sowie ein paar Chiliröllchen und Kresse oder Rettich-Sprossen garniert servieren.

Bester Blog – *Vegan*

www.veggi.es

Ofenkartoffel-Salat mit Wildlachs, Meerrettichcreme und Dill

Ohne Nüsse

Zutaten für 2 Personen
Zubereitungszeit: 35 Minuten

Für den Salat:

500 g kleine Kartoffeln (Drillinge)
2 Stängel frischer Rosmarin
Olivenöl
Fleur de Sel
150 g geräucherter Wildlachs
einige Stängel frischer Dill
etwas Wildlachskaviar

Für die Meerrettichcreme:

200 g Crème fraîche
1 TL Senf
Saft ¼ Zitrone
Fleur de Sel/Pfeffer/Chili gemahlen/1 Prise Zucker
3 TL frisch geriebener Meerrettich

Für das Dressing:

6 EL Olivenöl
2 EL Zitronensaft
1 TL Ahornsirup
frisch geriebener Pfeffer

Und so wird's gemacht:

1. Backofen auf 180 °C Umluft vorheizen. Die Drillingskartoffeln waschen, vierteln und auf einem Backblech verteilen. Zwei Stängel Rosmarin dazugeben, reichlich mit Olivenöl beträufeln und salzen. Gut vermischen und im vorgeheizten Backofen auf der mittleren Schiene etwa 20 Minuten garen, dann Kartoffeln wenden. Die Kartoffeln danach nochmals weitere 10 Minuten bei 200 °C Oberhitze rösten. Die Kartoffeln aus dem Ofen nehmen. Den Rosmarin entfernen und lauwarm auskühlen lassen.

2. Während die Kartoffeln im Ofen sind, für die Meerrettichcreme die Crème fraîche mit Senf, Zitronensaft, Salz, Pfeffer, Chili, einer Prise Zucker und frisch geriebenem Meerrettich kräftig verrühren und abschmecken.

3. Für das Dressing Olivenöl, Zitronensaft, Ahornsirup und Pfeffer verrühren. Das Dressing wird nicht gesalzen, da die Ofenkartoffeln bereits mit Salz gegart wurden und Lachs und Kaviar auch noch salzig schmecken.

4. Die lauwarmen Ofenkartoffeln in eine Schüssel geben. Dabei das Olivenöl, in dem sie im Ofen gegart wurden, mit über die Kartoffeln träufeln. Dann das Dressing über die Kartoffeln geben und alles sanft vermischen.

5. Die Meerrettichcreme in Klecksen darüber verteilen. Den Wildlachs leicht mit den Händen zerpflücken, darübergeben und mit frischem Dill und Wildlachskaviar servieren. Nach Wunsch noch etwas mehr Öl, Salz, Pfeffer oder Zitronensaft darübergeben.

Bestes-Rezept

www.trickytine.com

Bestes
Rezept
2.

Gegrillte Aubergine mit Büffelmozzarella und Minzpesto

Vegetarisch Zuckerfrei Glutenfrei Low Carb

Zutaten für 2 Personen
Zubereitungszeit: 25 Minuten

Zutaten:

1 kleine Aubergine
Olivenöl (Extra Vergine)
Salz
1 Handvoll frischer Minze
1 EL Pinienkerne, geröstet und gehackt
1 Büffelmozzarella

Das perfekte Trio, dem man in der Kombination kaum widerstehen kann: Auberginen, Mozzarella und Minze!

Und so wird's gemacht:

1. Die Aubergine in 1 cm dicke Scheiben schneiden. Beide Seiten mit Olivenöl bestreichen und mit Salz bestreuen. Die Scheiben auf den heißen Grill (alternativ Pfanne oder Backofen) legen, bis sie auf beiden Seiten eine schöne braune Farbe angenommen haben.

2. In der Zwischenzeit das Minzpesto zubereiten, indem man die frischen Minzblätter hackt (für ein cremiges Pesto kann ein Mixer verwendet werden). Die zuvor gerösteten und gehackten Pinienkerne hineinrühren. Diese können in der Pfanne ohne Fett bei mittlerer Hitze geröstet werden. Olivenöl hinzufügen, bis die gesamte Minzmischung vollständig bedeckt ist.

3. Den Mozzarella in Scheiben schneiden. Die Scheiben sollten in etwa so dick sein wie die der Aubergine.

4. Die gegrillten Auberginenscheiben und den Mozzarella schichtweise abwechselnd auf einen Teller oder ein Servierbrett legen. Das Minzpesto entweder zwischen die einzelnen Schichten oder lediglich großzügig auf die oberste Schicht gießen.

Bester Blog – *Englisch*

www.mediterranealicious.com

Geschmorte Kalbsbäckchen mit Kürbis-Risotto und Parma-Segel

Ohne Nüsse

Zutaten für 4 Personen
Zubereitungszeit: 60 Minuten
Schmorzeit: 3 Stunden

Für die Kalbsbäckchen:

4 Kalbsbäckchen
1 l Rotwein
1–2 EL Schweineschmalz oder Ghee
2 Zwiebeln
1 kleines Stück Sellerie
½ Stange Lauch
1 Karotte
½ Bund Petersilie
etwas dunkle Sojasoße
200 ml Portwein
500 ml dunkler Kalbsfond
5 schwarze Pfefferkörner
2 Lorbeerblätter
etwas kalte Butter oder Stärke
Salz

Für die Parma-Segel:

4 Scheiben Parmaschinken

Für das Kürbis-Risotto:

1 l Kalbsfond
1 große Zwiebel
1 Knoblauchzehe
1 EL Butter
200 g Risotto-Reis
100 ml Weißwein
50 g Parmesan
200 g Kürbispüree
50 g Butter
Salz, Pfeffer

Bestes Food – *Picture*

www.highfoodality.com

Und so wird's gemacht:

1. Mindestens 12 Stunden vor der Zubereitung die Kalbsbäckchen marinieren. Dafür die Bäckchen parieren, in 1 l Rotwein einlegen, abdecken und ziehen lassen. Parmaschinken auf Backpapier auf ein Blech legen, bei 60 °C Umluft im Ofen trocknen.

2. Am Zubereitungstag die Bäckchen etwa 5 Stunden vor dem Essen aus dem Rotwein nehmen. Rotwein zur Seite stellen. Die Bäckchen mit etwas Küchengarn zusammenbinden, sodass kleine Pakete entstehen. Bäckchen in etwas Schweineschmalz oder Ghee rundherum anbraten.

3. Zwiebeln und Sellerie putzen und würfeln, Lauch und Karotte in Ringe schneiden. Petersilie hacken. Das Gemüse im Bratensatz der Bäckchen anbraten. Wenn das Gemüse etwas Farbe angenommen hat, mit etwas Sojasoße ablöschen, dabei stetig rühren. Wenn die Sojasoße eingekocht ist, mit Portwein ablöschen und den Port reduzieren. Vorgang noch zweimal wiederholen, bis der Portwein aufgebraucht ist. Danach den Rotwein, in dem die Bäckchen eingelegt waren, angießen. Kalbsfond und die Kalbsbäckchen sowie die Pfefferkörner und Lorbeer dazugeben und erhitzen. Die Bäckchen sollten bedeckt sein. Bäckchen geschlossen bei 140 °C Ober-/Unterhitze für 4 Stunden in den Ofen geben.

4. Etwa 40 Minuten vor dem Servieren Risotto vorbereiten. Den Kalbsfond erhitzen. Zwiebel und Knoblauch hacken. Beides in einem großen Topf in Butter glasig dünsten. Risotto-Reis zugeben und unter Rühren anschwitzen. Mit Weißwein ablöschen, Flüssigkeit reduzieren. Hitze reduzieren und schöpflöffelweise Fond zugeben, umrühren und warten, bis die Flüssigkeit vom Reis aufgenommen wurde. Vorgang wiederholen, bis der Reis al dente gegart ist. Parmesan reiben und mit Kürbispüree (selbst gemacht oder gekauft) und der Butter unterrühren. Abschmecken.

5. Bäckchen aus dem Ofen nehmen. Soße durch ein Sieb abseihen. Das Gemüse mit einem Löffel im Sieb gut ausdrücken. Bäckchen warm halten. Soße in einer Kasserolle erhitzen, mit Salz und Sojasoße abschmecken, ggf. mit etwas kalter Butter oder Stärke binden. Das Risotto auf Tellern anrichten. Je ein Bäckchen daraufsetzen, Soße verteilen und Parma-Segel in den Reis stecken. Sofort servieren.

Asiatische Gemüsesuppe

Vegan **Laktosefrei** **Ohne Nüsse**

Zutaten für 2 Personen
Zubereitungszeit: ca. 40 Minuten

Zutaten:

einige getrocknete Shiitakepilze
100 g Glasnudeln
Salz
2 Frühlingszwiebeln
1 kleiner Pak Choi
3 kleine Möhren
ca. 3 cm frischen Ingwer
1 l Wasser
5–6 EL Sojasoße (je nach Geschmack)
1–2 EL Sojaöl
etwas Gemüsebrühe
Pfeffer

Und so wird's gemacht:

1. Die Pilze etwa 1 Stunde in kaltes Wasser legen und quellen lassen.

2. Die Glasnudeln etwa 3–4 Minuten in Salzwasser kochen.

3. Dann die Frühlingszwiebeln waschen und in dünne Ringe schneiden. Den Pak Choi ebenfalls waschen. Die Blätter vom Strunk entfernen und klein schneiden. Auch die Möhren waschen, schälen und in dünne Scheiben schneiden. Ingwer schälen und in kleine Würfelchen schneiden.

4. Nun das Wasser zum Kochen bringen. Pilze ausdrücken, mit Frühlingszwiebeln, Pak Choi, Möhren und Ingwer dazugeben und einige Minuten köcheln lassen. Dann können die Sojasoße, das Öl, die Gemüsebrühe und Gewürze dazugegeben werden. Die Suppe etwa 5–10 Minuten leicht köcheln lassen, danach noch einmal mit Salz und Pfeffer abschmecken.

5. Zum Schluss noch die Nudeln dazugeben und schon kann die Suppe serviert werden.

Bester Blog – *Gesamt*

www.ihana.eu

Tagliatelle mit Kürbis, Gorgonzola und gerösteten Sonnenblumenkernen

Vegetarisch Zuckerfrei Ohne Nüsse

Zutaten für 4 Personen
Zubereitungszeit: 40 Minuten

Für die Soße:

1 Zwiebel,
2 Knoblauchzehen
250 g Hokkaido-Kürbis
2 EL Pflanzenöl
⅛ Liter Weißwein
1 Handvoll Sonnenblumenkerne
100 ml Schlagobers (Sahne)
100 g Gorgonzola
Salz und frisch gemahlener Pfeffer

Außerdem:

400 g Tagliatelle

Okay, ich gestehe, ich habe ein großes Herz für besonders deftige Pastasoßen. Das Problem dabei: Der Gemüseanteil ist dabei meist eher mau.
Aber: Es gibt gute Alternativen. Der Hauptdarsteller beim hier präsentierten Beispiel – Kürbis. Der verschmilzt mit würzigem Gorgonzola zu einer wunderbar sämigen Käsesoße, die viel weniger üppig ist, als die Kolleginnen aus Sahne oder Béchamel. Und – ganz ehrlich: Sie schmeckt sogar noch besser.

Und so wird's gemacht:

1. Zwiebel und Knoblauch fein hacken. Den Hokkaido-Kürbis schälen und würfeln. Zwiebel in einem Topf oder einer größeren Kasserolle im Pflanzenöl glasig anschwitzen, Knoblauch und Kürbis zugeben und kurz weiterrösten. Anschließend mit Weißwein aufgießen und etwas reduzieren lassen.

2. ⅛ l Wasser angießen und den Kürbis bei mittlerer Temperatur weich dünsten. Das dauert etwa 15–20 Minuten. Sollte im Topf eine Dürreperiode ausbrechen, etwas mehr Wasser zufügen.

3. Die Sonnenblumenkerne ohne Fett in einer Pfanne goldbraun rösten und beiseitestellen.

4. Jetzt ist es an der Zeit, die Tagliatelle in reichlich Salzwasser al dente zu kochen.

5. Ist der Kürbis weich, wird er gemeinsam mit dem Obers püriert. Nun kommt der Gorgonzola ins Spiel: Dieser wird in der Kürbissoße geschmolzen, die Soße anschließend mit Salz und Pfeffer abgeschmeckt. Mit den Tagliatelle und den Sonnenblumenkernen anrichten und – genießen!

Bester Blog –
Kulinarische Events

www.guteguete.at

Pilzpfanne mit Kürbis und Dinkelgrieß-Schnitten

Vegetarisch Zuckerfrei Ohne Nüsse

Zutaten für 2 Personen
Zubereitungszeit: 45 Minuten

Für die Grießschnitten:

300 ml Milch
1 Prise Salz
Muskatnuss
1 Zweig Rosmarin
100 g Dinkelgrieß
Olivenöl

Für die Pilzpfanne:

100 g Hokkaido-Kürbis (gewaschen, entkernt)
Butter zum Anbraten
200 g Parasol
100 g Steinpilze
1 Zwiebel (fein gewürfelt)
50 g Cocktailtomaten
1 Zweig Rosmarin
Kräutersalz
Pfeffer aus der Mühle

Und so wird's gemacht:

1. Für die Grießschnitten Milch mit Salz und Muskat aufkochen. Rosmarinzweig dazugeben. Dinkelgrieß langsam einrühren und aufkochen lassen. Topf von der Kochstelle nehmen und für ca. 8 Minuten quellen lassen.

2. Rosmarin entfernen. Die heiße Masse auf ein Brett streichen und auskühlen lassen. Nach dem Abkühlen die Grießplatte in Streifen schneiden. In einer großen Pfanne Olivenöl erhitzen und die Schnitten darin bei mittlerer Hitze für ca. 5 Minuten pro Seite goldbraun braten.

3. Für die Pilzpfanne Kürbis in Würfel schneiden und in etwas Butter in der Pfanne anbraten. Etwas Wasser zugeben und für ca. 15 Minuten weich dünsten. Kürbis beiseitelegen. Parasol und Steinpilze säubern. Parasol in mundgerechte Stücke schneiden, Steinpilze in feine Streifen. Gewürfelte Zwiebel in etwas Butter anbraten, Parasol dazugeben und dünsten. Herausnehmen und auf einen Teller legen. Steinpilze in derselben Pfanne anbraten. Herausnehmen und zum Parasol legen.

4. Cocktailtomaten halbieren und mit der Schnittfläche nach unten gemeinsam mit dem Rosmarin im restlichen Bratfett für ca. 2 Minuten schmoren.

5. Kürbiswürfel und Pilze wieder in die Pfanne geben. Mit Kräutersalz und frisch gemahlenem Pfeffer würzen. Pilzpfanne mit den Grießschnitten auf einem Teller anrichten und genießen.

Bester Blog – *Nachhaltigkeit*

www.goats.today

Quinoa-Detox-Bowl mit Spinat-Hummus

Vegan | Zuckerfrei | Laktosefrei | Glutenfrei

Zutaten für 4 Personen
Zubereitungszeit: 30 Minuten

Für die Toppings:

125 g Quinoa
2 Karotten
200 g Broccolini
1 TL Olivenöl
1 TL frischer, geriebener Ingwer
Salz, Pfeffer
100 g frischer Spinat
6 Cashewkerne

Für den Spinat-Hummus:

200 g gekochte Kichererbsen
1 TL Tahin
1 Knoblauchzehe
1 Handvoll Spinat
Saft 1 Zitrone
½ TL Salz

Für das Dressing:

3 EL Olivenöl
1 EL Apfelessig
1 EL Zitronensaft
Salz, Pfeffer

Und so wird's gemacht:

1. Quinoa nach Packungsanweisung (hat etwa 10 Minuten Garzeit) zubereiten.

2. Karotten in Würfel schneiden. Den Broccolini 5 Minuten im Dämpfeinsatz über einem Topf mit kochendem Wasser garen. Olivenöl in eine heiße Pfanne geben, Karotten darin 3 Minuten scharf anbraten. Hitze auf kleinste Flamme stellen. Ingwer hinzugeben, mit Salz und Pfeffer abschmecken und weitere 5 Minuten schmoren lassen.

3. Spinat waschen und in feine Streifen schneiden. Cashewkerne fein reiben.

4. Alle Zutaten für den Spinat-Hummus in einen Mixer geben und fein pürieren. Mit Salz abschmecken. Olivenöl, Apfelessig, Zitronensaft, Salz und Pfeffer zu einem Dressing verrühren.

5. Alle Zutaten in vier Schüsseln anrichten, mit dem Dressing beträufeln und zum Schluss mit den geriebenen Cashewkernen bestreuen.

Bester Blog – *Vegan*

www.eat-this.org

we like!

Kefta-Tajine mit Süßkartoffeln und Zitrone

Zuckerfrei Glutenfrei Ohne Nüsse

Zutaten für 2 Personen
Zubereitungszeit: 50 Minuten

Für die Tajine:

3 Schalotten
2 EL Öl
½ Bund glatte Petersillie
4 Stängel frische Minze
600 g Rinderhackfleisch
2 TL Ras el Hanout
Salz
schwarzer Pfeffer
1 daumengroßes Stück Ingwer
1 daumengroßes Stück Kurkuma
1 rote Chilischote
400 g Süßkartoffeln
1 EL Ghee
500 g passierte Tomaten
2 kleine Bio-Zitronen

Und so wird's gemacht:

1. Die Schalotten schälen und in feine Würfel schneiden. Anschließend die Hälfte der Schalotten in 1 EL Öl glasig dünsten und beiseitestellen. Die Petersilie und die Minze waschen und fein hacken.

2. Nun das Hackfleisch in eine große Schüssel geben. Die gedünsteten Schalotten, die Kräuter, das Ras el Hanout sowie Salz und Pfeffer zum Hackfleisch geben. Alles gut miteinander vermengen und zu walnussgroßen Hackfleischbällchen rollen.

3. Ingwer und Kurkuma schälen und fein reiben. Die Chilischote waschen und in kleine Würfel schneiden (am besten ein Stück der Chili probieren und dann je nach Schärfegrad über die Menge entscheiden). Die Süßkartoffeln schälen und in mundgerechte Stücke schneiden.

4. 1 EL Öl und das Ghee in der Tajine schmelzen. Andere Hälfte der Schalotten, Ingwer, Kurkuma und die Chili ca. 7 Minuten glasig dünsten. Anschließend 200 ml Wasser und die passierten Tomaten in die Tajine geben. Die Flüssigkeit aufkochen lassen und zugedeckt einköcheln lassen.

5. Nach 5 Minuten die Süßkartoffeln in die Soße geben und erneut zugedeckt 5 Minuten köcheln lassen. Hackfleischbällchen in die Soße geben und wieder zugedeckt 10 Minuten köcheln lassen.

6. Die Zitronen abwaschen und jeweils in 4–6 Segmente teilen. Zum Ende die Zitronen in die Soße geben und zugedeckt weitere 5 Minuten köcheln lassen. Nun noch die Soße abschmecken und mit Salz und Pfeffer würzen.

BurdaLife – *Leserpreis*

Tine & Jasmin, Tanja & Carina

www.foodistas.de

Orientalische Lammkoteletts

Laktosefrei Glutenfrei Ohne Nüsse

Zutaten für 2 Personen
Zubereitungszeit: 45 Minuten

Zutaten:

6 Lammkoteletts, geputzt und getrimmt
Olivenöl
1 TL Ras el Hanout (Gewürzmischung)
1 TL Chiliflocken
Salz
1 kleine Schalotte in schmalen Streifen
1 TL Zimt
1 TL Kreuzkümmel
2 Knoblauchzehen, gewürfelt
200 g Quinoa (hell, dunkel oder gemischt)
Zesten und Saft einer halben Bio-Zitrone
7–8 getrocknete Aprikosen
je 1 Handvoll frische Kräuter wie
Koriander, Minze, Petersilie gehackt
Pfeffer
2 TL Granatapfelkerne

Und so wird's gemacht:

1. Die Lammkoteletts waschen und trocken tupfen. Anschließend mit etwas Olivenöl, Ras el Hanout, Chiliflocken und Salz von beiden Seiten einreiben. Zur Seite stellen.

2. Die Schalotte in etwas Olivenöl anrösten, bis sie weich und glasig ist. Zimt, Kreuzkümmel, Knoblauch und 1 TL Salz hinzugeben, nochmals ca. 2–3 Minuten rösten.

3. Danach den Quinoa hinzugeben, umruhren und alles mit ca. 175 ml Wasser aufgießen. Zum Kochen bringen, mit dem Deckel schließen und die Hitze reduzieren. Quinoa hat eine ähnliche Garzeit wie Reis. Nach ca. 10 Minuten den Deckel abnehmen und bei niedriger Hitze weiterköcheln lassen, bis die Flüssigkeit fast vollständig verdampft ist.

4. Den Topf von der Herdplatte nehmen. Zitronensaft, die Zitronenzesten, die klein geschnittenen Aprikosen und die gehackten Kräuter unterheben. Gegebenenfalls mit Salz und Pfeffer würzen. Warm stellen.

5. Nun die gewürzten Lammkoteletts mit Olivenöl in einer Grillpfanne scharf anbraten. Ca. 3–4 Minuten von jeder Seite, dann sind sie innen noch leicht rosa. Den Quinoa auf einer Platte anrichten, die Granatapfelkerne und noch einige Kräuter darüberstreuen. Die Lammkoteletts darauflegen und sofort servieren.

Bestes – *Rezept*

www.tinastausendschoen.de

Kräutercrêpes

Vegetarisch Zuckerfrei Ohne Nüsse

Zutaten für 4–6 Stück
Zubereitungszeit: 30 Minuten

Für die Crêpes:

200 ml Milch
2 Eier
1 EL Olivenöl
½ TL Salz
120 g Vollkornmehl, fein gemahlen
1 Bund Kräuter nach Wahl
Olivenöl zum Ausbacken

Für die Füllung:

1 Avocado
Saft ½ Zitrone
große Handvoll Rucola
125 g Ziegenfrischkäse
Handvoll schwarze Oliven
Salz, Pfeffer

Und so wird's gemacht:

1. Milch, Eier und Olivenöl verquirlen. Dann Salz und Mehl unterrühren. Kräuter hacken und mit dazugeben, Teig beiseitestellen und ein paar Minuten quellen lassen, während die Füllung vorbereitet wird.

2. Dafür die Avocado halbieren, noch in der Schale längs in Spalten schneiden und dann das Fruchtfleisch mit einem Esslöffel ausheben, mit Zitronensaft beträufeln. Rucola waschen und trocknen.

3. Öl in einer Pfanne erhitzen und bei leichter bis mittlerer Hitze nacheinander 4–6 dünne Crêpes von beiden Seiten ausbacken. Zum Servieren jeden Crêpe zuerst mit Ziegenfrischkäse bestreichen, dann mit Rucola, Avocado und Oliven (halbiert oder geviertelt) belegen, nach Geschmack salzen und pfeffern. Einrollen oder zusammenklappen und lauwarm oder kalt servieren.

Bester Blog – *Nachhaltigkeit*

www.flowersonmyplate.de

Dinkel-Kürbis-Pizza

Vegetarisch Zuckerfrei Ohne Nüsse

Zutaten für 2 Pizzen
Zubereitungszeit: 60 Minuten

Für den Boden:

200 g Dinkelvollkornmehl
½ Würfel Hefe
150 ml Wasser
2 EL gutes Olivenöl
Salz

Für den Belag:

1 kleiner Hokkaido-Kürbis
1 Bund Salbei
½ Becher Ricotta
1 TL Honig
Salz, Pfeffer
1 Kugel Scamorza
2 EL Kürbiskerne

Und so wird's gemacht:

1. Das Mehl in eine Schüssel geben und in der Mitte eine kleine Vertiefung formen. Die Hefe in diese hineinbröseln und zusammen mit dem Wasser und dem Öl zu einem glatten Teig kneten. Abdecken und an einem warmen Ort ca. 30–40 Minuten gehen lassen. Den Teig anschließend auf einer bemehlten Arbeitsfläche teilen und zu zwei Kugeln formen. Nochmals ca. 10 Minuten gehen lassen.

2. Den Hokkaido waschen und in dünne Ringe schneiden. Kerngehäuse ausstechen. Die Hälfte des Salbeis klein hacken und mit dem Ricotta, Honig, Salz und Pfeffer verrühren. Scamorza in Scheiben schneiden.

3. Den Pizzateig ausrollen und auf zwei Backbleche geben. Mit der Ricotta-Masse bestreichen und mit den Kürbisscheiben belegen. In jede Kürbisscheibe eine Scheibe des Scamorzas legen. Den restlichen Salbei und die Kürbiskerne darüberstreuen. Im auf 250 °C vorgeheizten Backofen goldbraun backen.

Bestes – Rezept

www.tinastausendschoen.de

we like!

Curry-Kohlsuppe

Vegan Zuckerfrei Laktosefrei Glutenfrei Low Carb Ohne Nüsse

Zutaten für 6 Personen
Zubereitungszeit: 45 Minuten

Zutaten:

½ Kohlkopf
3 Karotten
½ rote Zwiebel
2 EL Olivenöl
1 EL Currypulver
1 l Gemüsebrühe
Meersalz
schwarzer Pfeffer

Was gibt es Schöneres in der kalten Jahreszeit, als eine mollig-wärmende Suppe. In unseren Breitengraden wird auch Kohl wieder beliebter und mit exotischen Gewürzen kann man ihm internationalen Flair verleihen. Püriert eignet sich diese Suppe wunderbar als barrierefreies Gericht für Menschen mit Kau- und/oder Schluckstörungen.

Und so wird's gemacht:

1. Die äußeren Blätter vom Kohlkopf entfernen und das Gemüse klein schneiden. Karotten schälen und klein würfeln. Zwiebel fein würfeln.

2. Zwiebel in Olivenöl andünsten. Kohl und Karotten hinzufügen und kurz anrösten. Currypulver einstreuen und durchrühren.

3. Mit der Gemüsebrühe aufgießen und bei mittlerer Temperatur weich kochen. Mit Salz und Pfeffer abschmecken. Eventuell pürieren.

Sonderpreis der *Jury*

www.geschmeidigekoestlichkeiten.at

Barbecue-Tofu-Sandwich

Vegetarisch Ohne Nüsse

Zutaten für 2 Personen
Zubereitungszeit: 45 Minuten,
4 Stunden zum Marinieren

Für die Marinade:

3 EL Ketchup
1 EL Essig
1 EL Agavendicksaft
2 TL Cumin
1 TL Paprikapulver
¼ TL Pfeffer
½ TL Senfpulver
2 EL Olivenöl

Für den Belag:

400 g Tofu
½ Gurke
1 EL Essig
1 Prise Salz
1 große rote Zwiebel
1 EL Olivenöl
1 TL Ahornsirup
2 große Brötchen
2 EL vegane Mayo
4 Salatblätter

Und so wird's gemacht:

1. Die Zutaten für die Marinade in einer flachen Schüssel gut miteinander vermischen. Tofu in vier ca. 2,5 cm dicke Scheiben schneiden. Anschließend auspressen, gut abtupfen und in die Marinade einlegen. Im Kühlschrank 4 Stunden marinieren.

2. Ofen auf 225 °C vorheizen. Tofuscheiben aus der Marinade nehmen, in eine feuerfeste Form oder auf ein mit Backpapier ausgelegtes Backblech legen und 30 Minuten backen. Nach der Hälfte der Zeit wenden und mit der übrigen Soße bestreichen.

3. Gurke mit einem Sparschäler in lange Streifen schneiden, das Kerngehäuse dabei aussparen. Mit Essig und Salz marinieren.

4. Zwiebel in dicke Scheiben schneiden. Olivenöl in eine heiße Pfanne geben und Zwiebeln bei geringer bis mittlerer Hitze 15 Minuten anrösten. Nach 10 Minuten den Ahornsirup dazugeben und bei geringer Hitze weitere 5 Minuten karamellisieren lassen. Vom Herd nehmen und beiseitestellen.

5. 5 Minuten bevor der Tofu fertig ist, Brötchen aufschneiden und mit in den Backofen geben.

6. Sandwich-Hälften mit je ½ EL Mayo bestreichen, Brötchen mit Salat, Tofu, Gurken-Pickles und roten Zwiebeln belegen.

Bestes – *Design*

www.eat-this.org

Zucchini-Galette

Vegetarisch Zuckerfrei Ohne Nüsse

Zutaten für 4 Personen
Zubereitungszeit: 30 Minuten
1 Stunde Kühlzeit
30 Minuten Backen

Für den Teig:

125 g Buchweizenmehl
125 g Dinkelvollkornmehl
1 TL Salz
125 g kalte Butter
100 ml kaltes Wasser

Für den Belag:

2 kleine Zucchini
3 Zweige Thymian
200 g Sauerrahm
1 TL Kräutersalz
1 Knoblauchzehe
200 g Ziegenkäse
Pfeffer aus der Mühle

Optional für den Teigrand:

1 Ei
1 EL Wasser

Und so wird's gemacht:

1. Für den Teig Buchweizenmehl mit Dinkelmehl und Salz mischen. Kalte Butter in Stücke schneiden und mit den Händen (oder in der Küchenmaschine) untermischen. Kaltes Wasser hinzufügen, bis ein geschmeidiger Teig entsteht. Den Teig zu einer Kugel formen und 1 Stunde in den Kühlschrank stellen.

2. Für den Belag Zucchini waschen und in feine Scheiben schneiden. Thymian von den Zweigen zupfen. Sauerrahm mit Kräutersalz, gepresster Knoblauchzehe und ⅔ vom Thymian vermischen. Ziegenkäse in feine Würfel schneiden.

3. Teig auf der bemehlten Arbeitsfläche zu einem großen Kreis ausrollen. Sauerrahmmischung in der Mitte des Teiges verteilen, dabei einen Rand von 4–5 cm lassen.

4. Zucchinischeiben auf dem Sauerrahm verteilen. Ziegenkäsewürfel und restlichen Thymian darüberstreuen. Mit frisch gemahlenem Pfeffer würzen.

5. Den Rand des Teiges nach und nach über das Gemüse klappen. Ei mit Wasser verquirlen und den Teigrand bestreichen. Zucchini-Galette im vorgeheizten Ofen bei 180 °C für ca. 30–35 Minuten backen.

Bester Blog – *Nachhaltigkeit*

www.goats.today

Kulinarische Events

Willkommen in der „Villa Zoi", zum privaten Dinner

Der Trend kommt aus den USA der 1930er-Jahre: Hinter verschlossener, privater Tür, wurde ausschweifend gefeiert und gespeist. Aus dieser Tradition haben sich die Supper Clubs (zu Gast bei Unbekannten) entwickelt. Jetzt gibt es einen neuen in Berlin-Köpenick. Ich war bei Zois erstem Supper Club Dinner dabei.

Zoi empfängt ihre Gäste in ihrem Haus in Köpenick an der Müggelspree. Hier kann man genießen: die Natur, die familiäre Atmosphäre und ein feines Sechs-Gänge-Menü

Mediterranes Flair: die „Villa Zoi" am Stadtrand von Berlin

Zoi empfängt ihre Besucher barfuß. Klar, sie ist ja daheim. Und auch ihre Gäste sollen sich in der „Villa Zoi" wie daheim fühlen – in ihrem privaten Restaurant. Zoi ist Griechin, duzt gern und ist eine der herzlichsten Gastgeberinnen, die ich kenne. Sie lädt in ihr lichtdurchflutetes Wohnzimmer. Es gibt selbst kreierten Melonen-Prosecco zum Anstoßen. Und als alle eingetrudelt sind, geht's richtig los. Mit dem Gruß aus der Küche. Für ein Amuse-Bouche eine Riesenportion – und riesig lecker.

Derweil bereitet Zoi den ersten Gang vor: ein Törtchen aus Garnelen mit Avocado, Koriander und essbaren Blüten. Wunderbar creamy-crunchy, so wie bei Spitzenköchen. Es ist optisch wie geschmacklich eine Wucht! Dazu empfiehlt sie einen kräutrig-würzigen, griechischen Weißwein: Kallisto.

Von Hunger und Genüssen

Nach dem ersten Gang müssen wir schon eine Pause einlegen. Zoi erzählt: „Wir waren die ärmste Familie in meinem Heimatort. Meine Mutter hat meinen Geschwistern und mir jeden Tag Brot und Schafskäse von der Arbeit mitgebracht. Doch manchmal hatten wir nichts zu essen." Zoi war 17, als sie nach Deutschland kam. „Ich hab damals tonnenweise Marmelade auf mein Brötchen gemacht", sagt sie und verrät: „Seitdem esse ich alles gerne, was deutsch ist: Roulade, Rotkohl, Bratkartoffeln ... Mmmh."

Für ihre Gäste kocht sie nicht griechisch, sondern modern-international. „Es ist für mich Erfüllung und Entspannung, wenn ich kochen kann." Am „Kochduell" auf VOX hat sie teilgenommen, schon mit Johann Lafer gekocht. Dabei köchelte langsam auch die Idee hoch: ein eigenes Restaurant daheim! „Feuchte Geschichte" nennt sie den

Schnippeln, kochen, servieren – Zoi liebt es, Gäste wie Freunde zu verwöhnen. Dazu gibt es Kallisto, trockenen Weißwein aus ihrer Heimat

Delikater Hauptgang: Rinderbäckchen mit Thai-Spargel und Kartoffelpüree

nächsten Gang mit Jakobsmuscheln, Curry und Tomaten. Dazu selbst gebackene Brötchen.

Jeder Gang ein Fest

Bloß nicht zu einem zweiten verleiten lassen, denn der Hauptgang ist üppig: Rinderbäckchen mit Kartoffelpüree und Thai-Spargel. Beim vorletzten Gang, einer Käseauswahl mit Feigen, muss ich pausieren. „Ihr dürft nicht vergessen, ich bin Griechin. Bei mir werdet ihr immer satt“, sagt Zoi. Man sieht ihr die Freude an, Gäste wie die eigene Familie zu verwöhnen.

Mehr als ein Jahr brauchte sie, um ihre Geschäftsidee umzusetzen. „Jetzt bin ich glücklich, dass ich machen kann, was ich liebe.“

Wir stoßen darauf mit ein, zwei, drei vorzüglichen Grappas mit Portwein-Fass-Finish an und entlassen Zoi in die Küche. Denn da war ja noch was … Mit riesigen Glastellern kommt sie zurück. „Süßes Glück“ nennt sie ihr Halbgefrorenes aus Keksen mit Mascarpone und bunten Früchten. Lecker! Nach sieben Stunden, sechs Gängen, fünf neuen Bekanntschaften, vier Wein, drei Grappa und gefühlten zwei Kilo mehr, bin ich froh über eines: dass es finster ist und der Taxifahrer mein Bäuchlein nicht sieht!

Stolz präsentiert Zoi ihr „Süßes Glück“, den krönenden Abschluss des Menüs

Ein Abschlussfoto mit netten neuen Bekannten und ein kulinarisches Erlebnis der besonderen Art – das nehmen alle Teilnehmer des privaten Dinners mit nach Hause

Bester Blog –
Kulinarische Events

3.

Sylvia Jost

www.sylviesgerichtekueche.de

Urlaub im Mühlviertel – und ein paar Gedanken dazu

Ich habe eine Abneigung gegen überfüllte Touristenstrände und bin dagegen, Mutter Natur übermäßig mit Abgasen zu belasten. Und so führte der Sommerurlaub letztes Jahr Herrn Gutegüte und mich ins Mühlviertel. Warum, und was ich so generell über Urlaub daheim denke, erkläre ich hier. Wovon ich noch erzähle? Von hohen Türmen, Webstühlen, Jukeboxes und Londoner Doppeldeckerbussen.

Also, das Mühlviertel. Es gehört zu den nördlichsten Landstrichen Österreichs und grenzt an Tschechien. Es ist besonders grün, hügelig und ein bisschen mystisch, hat eine Menge Burgruinen und eine reiche kulturelle Vergangenheit.

Echte Tiefenentspannung

Herr Gutegüte hat das Glück, über Großeltern zu verfügen, die dort ein Ferienhaus besitzen und wir durften uns da einnisten. Es gibt fast nix außer Gegend. Und ich weiß jetzt, wie entspannend es ist, im Urlaub von niemandem umgeben zu sein. Ich war nach einem Tag so tiefenentspannt, wie sonst nach einer Woche nicht. Zudem liebe ich es, in irgendeinen Winkel Österreichs zu gurken und mich auf Entdeckungsreise zu begeben. Es überrascht mich immer wieder, auf wie viele großartige Dinge man stößt, ohne dafür ewig Auto fahren zu müssen.

Tradition der Leinweber

Das erste Dorf, in das wir quasi reingefallen sind, war Helfenberg. Einst eines der Zentren der Textilindustrie, für die das Mühlviertel berühmt war. Beeindruckende Zeugin davon ist die heute leer stehende Leinweberfabrik, die in ihrer Hochzeit mehr als 1200 Arbeiter beschäftigte. Heute wohnen nicht einmal mehr so viele Menschen in der Gemeinde. Das Gelände kann umwandert werden und hat eine ganz wunderbare, morbide Ausstrahlung. Und: Aus irgendeinem unerfindlichen Grund parken zwei ausrangierte Londoner Doppeldeckerbusse davor. Noch original mit

Die Burgruine Waxenberg aus dem 12. Jahrhundert zählt zu den ältesten Burgen des Mühlviertels und ist das Wahrzeichen des gleichnamigen Ortes

Panoramablick von der Burgruine Waxenberg aus – ein Traum!

Haslach ist arg verschlafen. Man trifft kaum eine Menschenseele. Dafür gibt es viele hübsche, bunte Häuser zu entdecken

Londoner Doppeldeckerbusse in Helfenberg. Warum sie da stehen – ein Rätsel. Aber schön!

Bei einem Franziskaner (Milchkaffee mit Sahnehaube) lässt sich herrlich abschalten

Das Kronjuwel der Burg Piberstein: der Arkadenhof mit beeindruckenden Sgrafiti aus dem 16. Jahrhundert (Bilder, die durch eine bestimmte Technik des Verputzens entstehen)

Rund um die Burg Piberstein kann man mit herrlichem Fernblick wandeln

In Haslach gibt es schöne Museen – wie das Kaufmannsmuseum neben dem Stadtturm

Streckenangaben. Eines der letzten Überbleibsel der Leinenweber-Tradition ist die Leinenweberei Vieböck. Dort kann man wunderschöne handgewebte Hand-, Tischtücher, Servietten und Mitbringsel erstehen – gut für den ökologischen Fußabdruck, alles sehr fein.

Von Orten & Burgen

Station 2: Haslach. Einer der größeren Orte. Hier wurde die Webereivergangenheit großzügig aufgearbeitet. Ein Textilzentrum mit Museum und (tollen!) Workshops lädt zum Besuch. Ebenso die Mechanische Klangfabrik. Ein skurriles Museums-Unikat. Es präsentiert Schätze eines Sammlers historischer Musikautomaten – vom selbst spielenden Klavier bis zur Jukebox.

Next Stop: Burg Piberstein. Eine Felsenburg aus dem 13. Jahrhundert, die heute, liebevoll restauriert für Veranstaltungen aller Art dient und die man per Führung erkunden kann. Rund um die Burg gibt's die hier so charakteristischen Granitblöcke.

Last, but not least: Ruine Waxenberg, 12. Jahrhundert. Den imposanten Rundturm kann man erklettern, drinnen befindet sich eine kleine Ausstellung zur Geschichte. Und der Ausblick von dort ist grandios.

Bester Blog –
Kulinarische Events

1.

Carolina Hubelnig

www.guteguete.at

Kulinarische Reise durch das Trüffelland Marken

Italien! Italien ist anders. Italien ist laut und lebhaft. Italien ist ruhig und landschaftlich traumhaft. Vor allem aber ist Italien ein Land, in dem Genuss großgeschrieben wird. Und da Tanja nichts mehr liebt als kulinarische Reisen, stellt sie uns ihren Geheimtipp, die Marken, eine Region in Mittelitalien vor.

In Marken erlebt man noch ursprüngliches Italien. In der grünen Hügellandschaft gibt es fantastische Lokale, die das Genießerherz höher schlagen lassen. Da in dieser Gegend das ganze Jahr über Trüffeln wachsen, wird damit nicht gespart. Das hat der Region den Beinamen „Trüffelland" eingebracht.

Selbst einmal auf Trüffelsuche gehen

Vor allem rund um die Gemeinde Acqualagna kommen die knolligen, unterirdisch wachsenden Pilze besonders häufig vor. Von Sommer- bis Wintertrüffeln gibt es eine Vielzahl von Trüffelarten. Vom Trüffelschwein hat sicher jeder schon gehört. In Acqualagna wird die Trüffelsuche mit extra dafür abgerichteten Hunden durchgeführt – eine seltene Suchmethode. Es ist ein Erlebnis, sich selbst durch die Natur auf die Suche zu begeben und nachher stolz eine Trüffel in Händen zu halten.

Kulinarische Zeitreise in ein Bilderbuchdorf

Der kurze Anstieg zum Dorf Mercatello sul Metauro sollte besser zu Fuß statt mit dem Auto zurückgelegt werden. Jeder Schritt nach oben ist ein Genuss! Wildrosen säumen den Weg. Blumen duften herrlich. Im Dorf scheint die Zeit stehen geblieben zu sein, ebenso im Restaurant „Il Girone Dei Golosi". Rustikale Steinmauern, alte Möbel und authentische Dekoration zieren die Räume. Alle Produkte, die Bernardo in seiner Küche verwendet, stammen aus den Marken. Das Brot mit einem Hauch von Käse als Vorspeise schmeckt mir mit dem regionalen, sogenannten Marche-Wein besonders lecker. Auch Cagli ist ein Ort für

Vom Garten des Restaurants „Il Girone Dei Golosi" in Mercatello sul Metauro hat man einen wunderschönen Blick über die bergige Landschaft der Region Marken

Schmale Gassen, alte Mauern – im Dorf Mercatello sul Metauro scheint die Zeit stillzustehen

Genießer. Er überrascht mich mit einer wunderschönen alten Kirche, Theater und Wehrturm. Inmitten des historischen Dorfkerns kehren wir ins „Ristorante la Gioconda“ ein. Persönlich werden wir vom Chefkoch begrüßt.

Cagli für Genießer – auch am Mittag

Italiener lieben es, ausführlich und gut zu speisen. Eine Reservierung für das „La Gioconda“ ist selbst mittags ratsam. Wir sitzen hinter dicken Mauern. Kerzen erleuchten die Tafel. Fantastische Weine stehen zum Probieren bereit. Ich bin ein Genusstyp, den man mit Vorspeisen glücklich machen kann. Begeistert entdecke ich in schicken Papiertüten das Brotkörbchen. Alles hat hier eine Note der Extravaganz, zwischen hip und althergebracht. Fast zu jedem Gang gibt es Trüffeln, auf unterschiedlichste Art zubereitet – es ist einfach nur köstlich. Mit einem Auge schiele ich zwar schon zur Uhr – wir haben einen straffen Zeitplan. Aber das stört die Italiener wenig. Slow Food bekommt eine andere Bedeutung. Gaumenfreuden stehen in den Marken im Vordergrund. So gießen wir uns noch Wein nach und geben uns vollends dem Genuss hin.

Wie finden Hunde Trüffel? Als Tanja eine Knolle in der Hand hat, versteht sie es: Frisch riecht sie sehr intensiv

Tiramisu und Mandelkuchen schmecken in Italien doppelt lecker

Lasagne deluxe: Mit Gemüse aus der Region und frischen Trüffeln aus Acqualagna

Zur Vorspeise gibt es hausgebackenes Brot mit Kräutern und Polenta mit Trüffelöl

Bester Blog –
Kulinarische Events

Tanja Neumann

www.vielweib.de

Chefredakteurin und Jury-Mitglied Gabriele Mühlen hat den Leserpreis übergeben. Für sie ist der Food Blog Award eine Herzensangelegenheit

Der Burda-Leserpreis ging an die fröhlichen Foodistas. Tanja, Tine, Carina und Jasmin (v. l.) in Feierlaune

Claudia und Arne von Food with a View waren die Abräumer des Abends: Platz 1 in gleich zwei Kategorien

Food Blog Award 2015 – Erfolg auf ganzer Linie

Was für ein unvergesslicher Gala-Abend! Die Crème de la Crème der Food-Blog-Szene traf sich Anfang Oktober im „Grand Hyatt Berlin". Festlicher Anlass: das spannende Finale des Food Blog Awards 2015. Es wurde probiert, diskutiert – und vor allem ausgiebig gefeiert. Mit von der Partie war das Team von Medienpartner BurdaLife, das die Kreativen mit seinen Publikationen nach Kräften unterstützt. Im Mittelpunkt jedoch standen die Preisträger, die mit Leidenschaft und Fantasie ihre Blogs betreiben und eine ständig wachsende Fan-Gemeinde rund um den Globus begeistern. Und für einige von ihnen geht die Party weiter: Die Erstplatzierten verbringen 2016 fünf aufregende Tage in Singapur – dem Schmelztiegel der Kulturen und Küchen.

Très chic! Der Ballsaal des „Grand Hyatt Berlin" war die festliche und elegante Kulisse des Finales

FOOD BLOG AWARD · Somat · VÖSLAUER · der-ideen-shop · MOSEL FASZINATION WEIN · emsa · WARENDORF · KochblogRadio.de · COMTÉ · LA BELLE ASSIETTE

Christine Garcia Urbina von trickytine bekam den 1. Preis in der Kategorie Bester Blog – Gesamt und jubelte auf der Bühne. Ralf Zacherl fand es zum Schießen

Blog-Power aus Österreich: die Gewinnerinnen Brigitte Schwarz und Claudia Braunstein

Jennifer von monsieurmuffin freute sich mit Gewinnerin Karin Buhl von Lisbeths

Eva von Foodtastic (2. v. l.) mit Begleitung neben den Juroren Toni & Bene von Because You Are Hungry (r.)

A moment to remember. Das Team von BurdaLife um Geschäftsführer Frank Jörg Ohlhorst (3. v. r.) mit Star-Koch Ralf Zacherl (l.) und Mathias Nagel vom Veranstalter Connecting Companies (r.)

Die zauberhafte Marwa Eldessouky führte durch den Abend

Sternekoch Paul Ivic überreichte den Preis für den besten Blog – Vegan

Damian D'Silva aus Singapur gab einen Vorgeschmack auf die Genussreise der Erstplatzierten

Asiatische Köstlichkeiten in Berlin: exotische Gewürze + frische Zutaten = eine Geschmacksexplosion

Nadine & Jörg von eat this! freuten sich über den 1. Platz in der Kategorie Bestes Design

Juror Jörg Götte von Meine Familie & ich bewertete die Kompetenz der Blogger

Hochspannung. Der Moment, in dem die Preisträger bekannt gegeben wurden

Die Preisträgerinnen Tina von tinastausendschön, Silke von fräulein glücklich und Tanja von Vielweib (v. l.) on Tour

Jennifer von monsieurmuffin (M.) in guter Gesellschaft von Liz & Jewels (l.)

Die Siegerehrung war der unumstrittene Höhepunkt des Abends. Jury, Organisatoren und Gewinner jubelten auf der Bühne

Foodbloggerin Maureen alias Miss Tam Chiak wird den Gewinnern ihre Stadt Singapur zeigen

Süßes

Bestes
Food-
Picture
1.

Kirschsorbet

Vegetarisch Ohne Nüsse

Zutaten für ca. 1 Liter
Zubereitungszeit: 30 Minuten

Zutaten:

600 g Kirschen
200 ml Kirschlikör
1 EL Zitronensaft
4 EL Puderzucker
100 g dunkle Kuvertüre

Optional zum Garnieren:

einige Kirschen

Und so wird's gemacht:

1. Die Hälfte der Kirschen entsteinen, grob zerkleinern und über Nacht in 100 ml Likör einlegen.

2. Die eingelegten Kirschen in ein Sieb geben, den Saft auffangen und die Kirschen beiseitestellen. Die restlichen Kirschen entsteinen, mit Zitronensaft, dem Puderzucker und der aufgefangenen Flüssigkeit einige Minuten köcheln lassen. Das Eingekochte durch ein Sieb streichen und die Flüssigkeit mit Wasser aufgießen, sodass man 700 ml Saft erhält. Nun noch den restlichen Kirschlikör hinzugeben, erkalten lassen und in die Eismaschine geben.

3. Die Kuvertüre im Blender grob zerkleinern und in ein grobes Sieb geben. Sobald das Sorbet eine cremige Konsistenz hat, die größeren Stücke Kuvertüre sowie die eingelegten Kirschen unterheben. Die Masse in einen geeigneten Behälter füllen und für mehrere Stunden gefrieren.

4. Die übrige, fein geriebene Schokolade über dem Wasserbad schmelzen. Einige Kirschen darin baden und das Sorbet mit den Kirschen garnieren.

Bestes – *Food-Picture*

www.fraeulein-gluecklich.blogspot.co.at

Gegrillte Rosmarin-Honig-Pfirsiche mit Ricotta-Zitronen-Creme

Vegetarisch

Zutaten für 2 Personen
Zubereitungszeit: 30 Minuten

Zutaten:

2 Pfirsiche
2 TL Honig
2 Zweige Rosmarin
2–3 EL Ricotta
1 TL Zitronenschale
1 TL Zucker (oder Honig)
1 gehäufter EL Mandeln

Und so wird's gemacht:

1. Den Grill (alternativ Backofen oder Pfanne) auf mittlere bis hohe Hitze stellen. Die gewaschenen Pfirsiche halbieren und entkernen. Die angeschnittenen Seiten mit etwas Honig beträufeln. Die Rosmarinzweige in kleine Stücke brechen und ebenfalls auf die Schnittstelle legen. Die Pfirsichhälften mit der geschnittenen Seite nach oben für ca. 5 Minuten auf den Grill legen. Die Pfirsiche umdrehen und mit der Schnittstelle nach unten für weitere 10 Minuten grillen. Dabei darauf achten, dass die Rosmarinzweige zwischen Grill und Pfirsich liegen.

2. In der Zwischenzeit den Ricotta mit der Zitronenschale verrühren. Mit Zucker oder Honig süßen. Beiseitestellen. Die Mandeln grob hacken und entweder auf dem Grill oder in der Pfanne ein paar Minuten rösten.

3. Sobald die Pfirsiche weich werden und beginnen zu karamellisieren, auf einem Teller anrichten. Mit der Ricotta-Zitronen-Creme füllen und mit den gehackten Mandeln bestreuen.

Bester Blog – *Englisch*

www.mediterranealicious.com

Nuss-Energie-Riegel

Vegan

Zutaten für ca. 6–7 Riegel
Zubereitungszeit: ca. 60 Minuten

Zutaten:

65 g ungesalzene, ganze Mandeln
65 g Haselnüsse
65 g Cashewnüsse
etwas Rapsöl
15 g Quinoa Pops
50 g Dinkel (gepufft)
1 EL Leinsamen
1 TL Meersalz
2 EL Reissirup
1 EL Ahornsirup
1 TL Vanille-Extrakt
30 g Zartbitterschokolade

Die Riegel sind sehr klebrig, aber grandios lecker.

Und so wird's gemacht:

1. Mandeln, Hasel- und Cashewnüsse in einer Pfanne anrösten. Eine Rührschüssel mit etwas Rapsöl einfetten. Quinoa Pops, Dinkel, Leinsamen und Meersalz in die Schüssel geben und verrühren. Die gerösteten Nüsse dazugeben.

2. Reissirup, Ahornsirup und Vanille-Extrakt in einem Topf zum Köcheln bringen. So lange rühren, bis die Masse schaumig wird. Sofort zu der Nuss-Mischung geben und gut vermengen.

3. Eine rechteckige Tarteform (35 x 11 cm) mit Backpapier auslegen und die Mischung darauf verteilen. Für etwa 40 Minuten abkühlen lassen. Die Nuss-Mischung mit Backpapier aus der Form heben.

4. Die Schokolade über einem Wasserbad schmelzen und über die Mischung verteilen. Die Nuss-Mischung in Riegel schneiden. Wer mag, bestreut sie zusätzlich mit etwas Meersalz.

TIPP: In einem luftdichten Behälter halten sich die Riegel ca. eine Woche. Ich würde sie im Kühlschrank aufbewahren.

Bester Blog – *Backen*

1.

www.lisbeths.de

Dessert im Glas: Brownie, Blaubeer-Rosmarin-Kompott und Vanille-Creme

Vegetarisch Ohne Nüsse

Zutaten für 5 Weckgläser (à ca. 200 ml)
Zubereitungszeit: 45 Minuten

Für den Brownie:

200 g Zartbitterschokolade
100 g Butter
80 g Zucker
1 Prise Fleur de Sel
4 Eier (Größe M)
1 EL Mehl

Für das Blaubeer-Rosmarin-Kompott:

500 g gefrorene Bio-Blaubeeren
4–6 Zweige frischen Rosmarin
5 gestrichene EL Zucker
Saft und Abrieb von 1 Bio-Zitrone

Für die Vanille-Mascarpone-Creme:

200 g Mascarpone
200 g Joghurt (3,5 %)
2 TL Vanille-Extrakt (flüssig)
2 gehäufte EL Puderzucker

Bester Blog – *Gesamt*

www.trickytine.com

Geschichtete Desserts im Glas sehen einfach besonders hübsch aus und man kann die Kombination nach Herzenslust und Saison variieren. Zudem kann man sie in verschließbaren Weckgläsern auch prima transportieren.

Und so wird's gemacht:

1. Für den Brownie die Schokolade zerkleinern, mit Butter im Wasserbad bei sanfter Hitze schmelzen und leicht abkühlen lassen. Zucker und eine Prise Fleur de Sel in die Schoko-Butter-Mischung rühren. Dann nacheinander die Eier mit einem Schneebesen unterschlagen. Zum Schluss das Mehl einrühren. In einer mit Backpapier ausgelegten Auflaufform (22 x 15 cm) im vorgeheizten Ofen bei 170 °C Umluft etwa 20–25 Minuten backen. Der Brownie darf dabei in der Mitte noch leicht schmatzig sein, sprich, er wird nicht ganz durchgebacken. Dies kann man am besten ab der 20. Minute mit der Stäbchenprobe testen.

2. Für das Kompott die gefrorenen Blaubeeren auftauen, in einem Sieb abtropfen lassen und den Saft dabei auffangen. Die Rosmarinnadeln von den Zweigen zupfen und fein hacken. Den Zucker in einer Pfanne schmelzen und karamellisieren lassen. Wenn er schön goldbraun ist, mit Blaubeer- und Zitronensaft ablöschen und bei sanfter Hitze etwa 2 Minuten einkochen lassen. Die gehackten Rosmarinnadeln, Zitronenabrieb und abgetropfte Blaubeeren hinzugeben. Weitere 4 Minuten sanft köcheln lassen. Das Kompott gut abkühlen lassen.

3. Für die Creme Mascarpone und Joghurt mit dem Vanille-Extrakt und dem Puderzucker schön glatt rühren. Bis zum Anrichten kalt stellen.

4. Zum Anrichten den Brownie mit einem Löffel in mittelgroße Stücke zerkleinern und abwechselnd mit dem Blaubeer-Kompott und der Vanille-Creme in die Gläschen schichten. Mit etwas frischem Rosmarin on top verzieren und bis zum Verzehr kalt stellen.

Superfood Popsicles mit Himbeeren & Chia-Samen

Vegan Laktosefrei

Zutaten für 8 Personen
Zubereitungszeit: 15 Minuten
Kühlzeit: mind. 5 Stunden

Zutaten:

3 kleine gefrorene Bananen
100 g gefrorene Himbeeren
15 Cashewnüsse
2 EL Mandelmus
3 TL Agavendicksaft
300 ml Soja- oder Mandelmilch
2 EL Chia-Samen

Extras:

8 Popsicle-Förmchen
8 Eisstäbchen

Und so wird's gemacht:

1. Alle Zutaten bis auf die Chia-Samen in einen High-Speed-Blender oder leistungsfähigen Mixer geben und zu einer cremigen Masse pürieren. Die Chia-Samen unterrühren.

2. Die Masse gleichmäßig auf die Popsicle-Förmchen aufteilen. Eisstäbchen in die einzelnen Förmchen stecken. Die Popsicles mindestens 5 Stunden im Tiefkühler fest werden lassen.

Tipp: Wer keine Popsicle-Form besitzt, kann die Masse z. B. auch in kleine leere Soja-Joghurt-Becher füllen und als Stiel kleine Löffel verwenden. Und noch einfacher: Mit etwas weniger Sojamilch entsteht ganz ohne Form ein tolles Eis im Becher!

Bestes – *Design*

www.eat-this.org

Kokos-Quinoa-Pancakes

Vegan **Laktosefrei** **Ohne Nüsse**

Zutaten für 8 Pancakes
Zubereitungszeit: ca. 35 Minuten

Zutaten:

100 g helle Quinoa
150 g Dinkelmehl (Type 630)
1 TL gemahlene Vanille
1 EL Weinsteinbackpulver
1 EL Rohrzucker
1 Prise Meersalz
3 EL Kokosraspeln
250 ml Mandeldrink
oder anderer Pflanzendrink
4–6 EL Kokosöl zum Anbraten

Zum Garnieren:

Obst z. B. Heidelbeeren, Erdbeeren
je 2 EL Ahornsirup

Und so wird's gemacht:

1. Quinoa abwiegen, in einem feinen Sieb gründlich mit Wasser spülen und ohne Zugabe weiterer Gewürze in ca. 250 ml Wasser 12–15 Minuten auf mittlerer Hitze gar kochen. Überschüssige Flüssigkeit nach der Garzeit abgießen und Quinoa abkühlen lassen.

2. Dinkelmehl, Vanille, Backpulver, Rohrzucker, Meersalz und Kokosraspeln in eine große Rührschüssel geben. Gekochte, abgekühlte Quinoa hinzugeben. Alle Zutaten mithilfe eines Schneebesens und unter Zugießen des Mandeldrinks zu einem gleichmäßigen Pancake-Teig verrühren. Den fertigen Teig rund 5 Minuten quellen lassen.

3. Den Ofen leicht erhitzen, um die Pancakes dort bis zum Servieren warm zu halten. In einer Pfanne jeweils 1–2 EL Kokosöl stark erhitzen und je nach Größe der Pfanne zwei bis drei Pancakes gleichzeitig fertig backen. Dafür 2–3 Schöpfkellen Pancake-Teig in größtmöglichem Abstand zueinander in das erhitzte Öl geben und nach etwa 2–3 Minuten wenden. Auf der zweiten Seite anbraten und bis zum Servieren im Ofen warm halten.

4. Pancakes z. B. mit Heidelbeeren und Erdbeeren sowie mit jeweils 2 EL Ahornsirup servieren.

TIPP: Einfach die Quinoa am Vortag kochen und abgedeckt im Kühlschrank aufbewahren. So spart man sich bei der Zubereitung die Wartezeit beim Abkühlen.

Bester Blog – *Vegan*

www.veggi.es

Mini-Bratäpfel mit Marzipan-Nuss-Füllung

Vegan Glutenfrei Ohne Nüsse

Zutaten für 4 Personen
Zubereitungszeit: 30 Minuten
Backzeit: 40 Minuten

Zutaten:

16 kleine Äpfel à ca. 40 g
Saft und Schale von 1 Bio-Zitrone
2 EL Rosinen
1 EL Mandeln, grob gehackt
1 EL Haselnusskerne, grob gehackt
100 g Marzipan, in kleine Würfel geschnitten
10 EL naturtrüber Apfelsaft
5 EL Ahornsirup
1 TL gemahlene Vanille
1 TL frisch geriebener Zimt

Extras:

neutrales Öl zum Auspinseln der Backform
etwas Walnussöl und/oder
ein paar Butterflöckchen zum Servieren

Dieses Rezept ist aus winzigen, verwilderten Landäpfeln entstanden und beweist: Obst (und auch Gemuse) ist auch jenseits gängiger Normen für Größe und Form ganz köstlich.

Und so wird's gemacht:

1. Für die Füllung alle Zutaten bis auf die Äpfel und den Zitronensaft mischen.

2. Von den Äpfeln kleine Deckel abschneiden. Dann von den Äpfeln das Kerngehäuse ausstechen. Die Öffnung mit einem kleinen scharfen Messer jeweils etwas weiter ausschaben. Alle Schnittflächen mit Zitronensaft einreiben. In jede Öffnung etwas von der Füllung geben, dabei etwas andrücken und über den Rand hinaus auch etwas Füllung auf der oberen Schnittfläche verteilen. Die Apfeldeckel aufsetzen.

3. Von der Füllung sollte etwas Flüssigkeit zurückgeblieben sein. Eine Kokotte mit neutralem Öl auspinseln. Die Äpfel dicht an dicht hineinsetzen und mit der Flüssigkeit beträufeln. Etwas davon zurückbehalten, um die Äpfel während das Backens nochmals zu beträufeln.

4. Im vorgeheizten Ofen bei 170 °C Ober-/Unterhitze ca. 40 Minuten zunächst mit offenem Deckel backen, dabei zwischendurch mit dem Saft beträufeln. Nach ca. 30 Minuten den Deckel auflegen. Mit etwas Walnussöl besprenkeln und/oder Butterflöckchen darauf zergehen lassen.

Bester Blog – *Englisch*

Arne Schmidt & Claudia Hirschberger
www.foodviewberlin.com

Buchteln gefüllt mit Thai-Basilikum-Birnen-Kompott

Vegetarisch Ohne Nüsse

Zutaten für 12 Personen
Zubereitungszeit (ohne Ruhezeit): ca. 50 Minuten
Backzeit: 20–30 Minuten

Für die Buchteln:

100 ml Milch
50 g Butter
275 g Mehl
1 Prise Salz
1 Pck. Trockenhefe
3 EL feinster Zucker
1 Ei

Für das Kompott:

500 g frische Birnen
500 g Gelierzucker (1 : 1)
Saft von ½ Zitrone
½ TL Vanillepaste
8–10 Thai-Basilikum-Blätter
1 Zimtstange

Extras:

Auflaufform (15 x 20 cm)
Butter und Mehl für die Form
flüssige Butter zum Bestreichen
Puderzucker zum Bestäuben

Und so wird's gemacht:

1. Für die Buchteln Milch und Butter in einem Topf erwärmen – nicht kochen! In einer großen Schüssel Mehl, Salz, Hefe und Zucker vermengen. Das Ei kurz mit der Gabel verquirlen. Ei und die lauwarme Milch zu den trockenen Zutaten geben und zu einem geschmeidigen Teig verkneten. An einem warmen Ort zugedeckt ca. 45 Minuten ruhen lassen. Der Teig sollte sich bis dahin verdoppelt haben. Zwischenzeitlich eine kleine Auflaufform buttern und mehlen. Meine Form ist 15 x 20 cm groß und es passen exakt zwölf kleine Hefekugeln hinein.

2. Für das Kompott die Birnen waschen, entkernen und in kleine Stücke schneiden. Die Früchte mit dem Gelierzucker gut vermischen und ca. 2 Stunden durchziehen lassen. Die Masse unter Rühren zum Kochen bringen und den Zitronensaft dazugeben. Sobald sich der Zucker aufgelöst hat, von der Herdplatte ziehen. Vanillepaste, klein gehackte Basilikumblätter und Zimtstange hinzufügen und gut verrühren. Das Birnen-Kompott in sterilisierte Gläser füllen und auskühlen lassen. Gut gekühlt hält es sich sehr lange. Für die Füllung benötigt man nur ca. 150 g Kompott.

3. Wenn der Hefeteig sich sichtlich vergrößert hat, diesen auf einer bemehlten Arbeitsfläche durchkneten, zu einer Rolle formen und in zwölf gleich große Stücke schneiden. Die Teigstücke zu einer Kugel formen und mit einer Teigrolle vorsichtig ausrollen. In die Mitte einen gut gehäuften Teelöffel von dem Kompott geben, den Teigling zuklappen und gut verschließen. Mit der Nahtseite nach unten in die Form legen. Elfmal wiederholen. Abgedeckt an einem warmen Ort ca. 40 Minuten ruhen lassen. Den Backofen auf 180 °C Ober-/Unterhitze vorheizen.

4. Die Buchteln mit etwas flüssiger Butter bestreichen und je nach Ofen für ca. 20–30 Minuten auf mittlerer Schiene backen. Etwas auskühlen lassen, mit Puderzucker bestäuben und mit dem restlichen Birnen-Kompott servieren.

TIPP: Das Kompott lässt sich wunderbar vorbereiten. Bleibt von der Füllung etwas übrig, einfach unter einen Joghurt mischen und genießen.

Bester Blog – *Backen*

www.lisbeths.de

we like!

Mandarinen-Creme mit Löffelbiskuit

Vegetarisch Ohne Nüsse

Zutaten für 6 Portionen
Zubereitungszeit: 30 Minuten

Für die Creme:

3 Eier
100 g Backzucker
500 g Mascarpone
150 ml Orangensaft
6 Mandarinen
20 Löffelbiskuits
50 g Zartbitterschokolade

Diese feine geschmeidige Nachspeise gibt es bei uns des Öfteren während der langen Wintermonate. Sie ist sehr schnell zubereitet und ideal für Menschen mit Kau- und/oder Schluckstörungen.

Und so wird's gemacht:

1. Eier trennen. Eiweiße steif schlagen. Eigelbe mit Zucker schaumig rühren. Mascarpone unterheben und glatt rühren. Eischnee vorsichtig unter die Masse heben und 50 ml Orangensaft einrühren.

2. Mandarinen schälen, filetieren und pürieren.

3. Löffelbiskuits mit dem restlichen Orangensaft fein mixen. Biskuitmasse in Gläser füllen, Mandarinen-Püree darauf verteilen und mit Mascarpone-Schaum auffüllen. Schokolade darüberraspeln.

Sonderpreis – *der Jury*

www.geschmeidigekoestlichkeiten.at

Gebackene Vanille-Pflaumen mit Cashew-Creme

Vegetarisch Laktosefrei Glutenfrei

Zutaten für 2 Personen
Zubereitungszeit (ohne Ruhezeit): ca. 40 Minuten

Für die Pflaumen:

4 Pflaumen
1 Vanilleschote
1 EL Ahornsirup oder Honig

Für die Cashew-Creme:

120 g Cashewnüsse
4–5 EL Wasser
2 EL Ahornsirup
1 TL Zimt
1 Spritzer Zitronensaft
1 Prise Salz

Und so wird's gemacht:

1. 4–6 Stunden vor dem Backen die Cashewnüsse in lauwarmem Wasser einweichen.

2. Backofen auf 180 °C Ober-/Unterhitze vorheizen. Pflaumen waschen, entsteinen und je nach Größe halbieren oder vierteln. Mark der Vanilleschote in den Ahornsirup rühren, mit den Pflaumen vermengen. In eine kleine, ofenfeste Form oder Pfanne geben und 20–30 Minuten rösten, bis die Pflaumen etwas Saft abgegeben haben

3. Für die Creme die Cashewnüsse in ein Sieb geben, kurz abspülen und mit allen Zutaten für die Creme in einem Mixer fein pürieren. Abschmecken, ggf. etwas nachsüßen und die Konsistenz nach Wunsch anpassen (ggf. mit Wasser verdünnen).

4. Pflaumen warm oder kalt mit der Cashew-Creme genießen.

TIPP: Reste der Cashew-Creme können noch 2–3 Tage im Kühlschrank aufbewahrt und z. B. zu Obst, Waffeln, Pancakes oder auf Brot gegessen werden.

Bester Blog – *Nachhaltigkeit*

www.flowersonmyplate.de

Backen

Ingwer-Torte mit Zartbitter-Ganache

Vegetarisch

Zutaten für 12 Stücke
Zubereitungszeit: 30 Minuten
Backzeit: ca. 70 Minuten

Für den Kuchen:

1 Glas eingelegter Ingwer ca. 240 g (gibt es z. B. in Asia-Läden)
100 g Butter
7 Eier
200 g Marzipan
1 TL Zimt
1 Prise Meersalz
180 g feinster Zucker
60 g Mehl
60 g Kakao
Butter für die Form
50 g gehackte Mandeln

Für die Ganache:

200 g Zartbitterschokolade
200 ml Sahne

Und so wird's gemacht:

1. Den Backofen auf Umluft 140 Grad Ober-/Unterhitze vorheizen. Den Ingwer in kleine Stücke schneiden. Butter schmelzen. Die Eier trennen. Marzipan würfeln.

2. Eigelb, Zimt, Meersalz und Marzipan zu einer cremigen Masse verrühren. Das Eiweiß steif schlagen und den Zucker einrieseln lassen. Solange weiterschlagen, bis der Zucker sich aufgelöst hat. Eischnee auf die Marzipanmasse geben.

3. Mehl und Kakao auf die Creme sieben und kurz unterheben. Die flüssige Butter mit den Ingwerstückchen zu der Creme geben und mit einem Spatel verrühren.

4. Eine 20er-Springform buttern und mit den gehackten Mandeln bestreuen. Die Ingwercreme in die Form füllen. Ca. 60–70 Minuten backen. Die Backzeit kann je nach Ofen variieren. Bitte eine Stäbchenprobe machen. Den Kuchen aus dem Ofen holen und vollständig auskühlen lassen.

5. Die Schokolade klein hacken. Die Sahne kurz aufkochen lassen und über die Schokoladen gießen. Für einige Minuten ruhen lassen und dann zu einer homogenen Creme verrühren. Die Ganache langsam über die Torte geben. Restliche Ganache lässt sich wunderbar einfrieren.

TIPP: Man kann auch gehackte Haselnüsse verwenden. Auch die Größe der Springform ist variabel. Ich wollte gerne einen hohen Kuchen, es klappt aber auch super in einer 26er-Springform.

Bester Blog – *Backen*

www.lisbeths.de

Brombeer-Tartelettes mit Vanille-Creme

Vegetarisch Ohne Nüsse

Zutaten für 6–8 Personen
Zubereitungszeit: 50 Minuten
Backzeit: 27 Minuten

Für die Tarteletten:

300 g Mehl
100 g Roh-Rohrzucker
1 Prise Salz
1 Ei
200 g kalte Butter

Für die Creme:

400 ml Milch
Mark von ½ Vanilleschote
4 Eigelb
90 g Rohrohrzucker
15 g Speisestärke

Für das Topping:

400 g frische Früchte (Brombeeren, Stachelbeeren, Himbeeren …)

Außerdem:

Backpapier
Hülsenfrüchte zum Blindbacken

Und so wird's gemacht:

1. Das Mehl auf die Arbeitsplatte sieben und in die Mitte eine Mulde drücken. In diese den Zucker und das Salz geben und mit dem Ei vermengen. Die Butter in kleine Würfel schneiden und auf dem Rand verteilen. Alles gut mit einem Messer durchhacken, damit der Teig nicht zu schnell erwärmt wird. Dann mit den Händen zu einem glatten Teig verkneten. Den Teig flach drücken und mindestens 1 Stunde im Kühlschrank ruhen lassen.

2. Den Backofen auf 175 °C Ober-/Unterhitze vorheizen. Den Teig auf einer bemehlten Arbeitsfläche 3 mm dick ausrollen und etwas größer als die Tartelettenformen ausstechen oder schneiden. Die Formen fetten, mehlen. Die Mürbeteigkreise hineinlegen und mit Backpapier belegen. Mit Hülsenfrüchten beschweren und ca. 12 Minuten backen. Das Backpapier und die Hülsenfrüchte entfernen und weitere 15 Minuten goldbraun backen. Aus dem Ofen nehmen, kurz in der Form und anschließend auf einem Kuchengitter vollständig erkalten lassen.

3. In der Zwischenzeit die Creme vorbereiten. Dazu die Milch mit Vanillemark aufkochen. Inzwischen Eigelbe mit dem Zucker und der Stärke mit einem Mixer ca. 5 Minuten cremig rühren. Die heiße Milch langsam durch ein Sieb hinzugießen. Die Masse zurück in den Topf geben und unter kräftigem Rühren ca. ½ Minute kochen lassen. Vom Herd nehmen und abkühlen lassen. Immer wieder durchrühren, damit sich keine Haut bildet.

4. Wenn die Creme vollständig abgekühlt ist, in die Tartelettförmchen geben und mit frischen Früchten dekorieren.

TIPP: Zum Ausstechen kann man auch wunderbar ein großes Glas verwenden. Dazu den Rand zwischendurch bemehlen, damit der Teig nicht am Glasrand kleben bleibt.

Bester Blog – *Backen*

www.monsieurmuffin.de

Kleiner Apfelkuchen mit Ingwer

Vegetarisch Ohne Nüsse

Zutaten für 8–10 Personen
Zubereitungszeit: 30 Minuten
Backzeit: ca. 45 Minuten

Zutaten:

2 Äpfel (z. B. Boskop)
1 Zitrone
100 g weiche Butter
175 g brauner Zucker
3 Eier
1 Prise Salz
Mark von ½ Vanilleschote
4 EL Mandel-Soja-Joghurt
200 g Weizenmehl
2 TL Weinsteinbackpulver
1 daumengroßes Stück Ingwer

Dieser kleine Kuchen ist mein absoluter Lieblingsapfelkuchen. Er schmeckt besonders gut, wenn er noch etwas warm ist. Wer keinen Ingwer mag, kann diesen auch gerne weglassen.

Und so wird's gemacht:

1. Den Ofen auf 190 °C Ober-/Unterhitze vorheizen und eine 20-cm-Springform einfetten und mit Mehl ausstreuen.

2. Einen Apfel schälen, vierteln, entkernen und in dünne Scheiben schneiden. In eine kleine Schüssel geben, mit dem Saft der Zitrone beträufeln und gut mit den Händen vermengen.

3. Butter und braunen Zucker cremig rühren. Eier trennen. Das Eiweiß mit 1 Prise Salz steif schlagen und beiseitestellen. Die Eigelbe langsam unter die Butter-Zucker-Mischung rühren. Vanillemark und Mandel-Soja-Joghurt dazugeben, dann das Mehl mit dem Backpulver mischen und ebenfalls unterrühren. Vorsichtig den Eischnee unterheben.

4. Den Ingwer schälen, reiben und zusammen mit den Apfelscheiben ebenfalls unterheben. Den Teig in die Form füllen und glatt streichen.

5. Den anderen Apfel mit Schale vierteln, entkernen, in dünne Scheiben schneiden, auf dem Kuchen fächerförmig drapieren und 40–45 Minuten backen. Sollten die Äpfel auf der Oberseite zu dunkel werden, Kuchen mit Alufolie abdecken. Wenn der Stäbchentest passt, Kuchen aus dem Ofen nehmen und in der Form abkühlen lassen. Kuchen aus der Form lösen und mit Puderzucker bestreut servieren.

Bester Blog – *Backen*

www.backbube.com

New York Cheesecake

Vegetarisch Ohne Nüsse

Zutaten für 8–10 Personen
Zubereitungszeit: 30 Minuten
Backzeit: 70 Minuten

Für den Teig:

150 g Haferkekse
75 g Zwieback
75 g Butter
½ TL Zimt
1 Prise Salz

Für den Belag:

600 g Doppelrahmfrischkäse (Zimmertemperatur)
150 g Rohrohrzucker
20 g Speisestärke
1 Pck. Vanillezucker
2 Eier
120 g Sahne

Für das Topping:

350 g gemischte Beeren (oder auch nur eine Sorte)
1 gestr. TL Speisestärke (optional)

Und so wird's gemacht:

1. Backofen vorheizen (170 °C Ober-/Unterhitze, 145 °C Umluft). Den Boden einer 18-cm-Springform mit Backpapier auslegen und den Rand fetten. Für den Boden Kekse und Zwieback in einen Gefrierbeutel geben, mit einer Teigrolle fein zerbröseln. 75 g Butter schmelzen. Mit ½ TL Zimt, 1 Prise Salz und Zwieback-Keks-Bröseln mischen. In die Form geben und zu einem Boden andrücken. Ca. 10 Minuten backen.

2. Ca. ¼ Frischkäse, 50 g Zucker und Speisestärke auf niedriger Stufe ca. 3 Minuten verrühren. Dann den übrigen Frischkäse unterrühren. Auf höchster Stufe Rest Zucker und Vanillezucker einrühren. Eier einzeln unterrühren. Sahne unterrühren. Nur solange rühren, bis alle Zutaten gerade eben vermischt sind. Springform von außen mit Alufolie verkleiden. Die Käsecreme vorsichtig auf dem Boden verteilen.

3. Die Springform in eine mit heißem Wasser gefüllte, ofenfeste Form stellen, sodass die Springform ca. 2,5 cm im heißen Wasser steht. Bei gleicher Temperatur ca. 1 Stunde backen, bis die Creme bei leichtem Rütteln an der Form kaum noch wackelt. Herausnehmen und die Alufolie entfernen. 1 Stunde abkühlen lassen. Dann mit Frischhaltefolie bedeckt ca. 4 Stunden – am besten über Nacht – in den Kühlschrank stellen.

4. Kuchen aus der Form lösen. Für das Topping die Früchte waschen, entstielen, vorsichtig trocken tupfen und auf dem Kuchen verteilen.

VARIANTE: Wer mag, kann einen Teil der Früchte pürieren – fürs Topping oder als Soße zum Kuchen. Ca. 200 g Beeren pürieren, durch ein feines Sieb streichen und aufkochen. Speisestärke mit 2 EL kaltem Wasser glatt rühren, in das Frucht-Püree rühren. Ca. 1 Minute unter Rühren köcheln. Abkühlen lassen und vorsichtig auf dem Käsekuchen verstreichen. Rest Früchte darauf verteilen.

TIPP: Zwei Bahnen Alufolie über Kreuz auf der Arbeitsfläche auslegen, Springform in die Mitte stellen. Alufolie an der Außenwand der Springform hochziehen, am oberen Rand umschlagen, andrücken und die Form so abdichten.

Bester Blog – *Backen*

www.monsieurmuffin.de

Bestes Rezept
3.

Butterhörnchen

Vegetarisch Ohne Nüsse

Zutaten für 12 Stück
Zubereitungszeit: 20 Minuten
Kühlzeit: 12 Stunden
Backzeit: 15 Minuten

Zutaten:

1 ½ TL Trockenhefe
1 TL lauwarmes Wasser
220 ml lauwarme Milch
60 g Zucker
1 Ei (verquirlt)
360 g Mehl
1 Prise Salz
100 g Butter (flüssig)

Und so wird's gemacht:

1. Die Trockenhefe mit dem TL Wasser verrühren und ca. 2–3 Minuten ruhen lassen, bis sie sich aufgelöst hat. Anschließend die Milch dazugeben und gut umrühren. Zucker und Ei unterrühren und wieder gut durchmischen.

2. Nun das gesiebte Mehl und das Salz in die Schüssel geben und einmal gut durchmischen. Ich habe alle per Hand gemischt und hatte das Gefühl, dass dadurch der Teig echt fluffig wurde. Die flüssige Butter bis auf ca. 2 EL dazugießen und unterarbeiten. Der Teig wird euch ziemlich nass erscheinen und auch klebrig, aber das ist genau richtig so. Indiz dafür, dass er die richtige Konsistenz hat: Er soll sich leicht vom Schüsselrand lösen.

3. Nun den Teig auf ein vorbereitetes Stück Frischhaltefolie gießen – gut einpacken und das Ganze dann in einen großen Gefrierbeutel packen. Mit einem Haushaltsgummi oder einer Klemme verschließen und ab damit in den Kühlschrank – mindestens 5 Stunden, am besten über Nacht.

4. Teig aus dem Kühlschrank nehmen und auf einer bemehlten Arbeitsfläche rund ausrollen. Nun mit einem Pizzaschneider wie eine Pizza in 12 Teile trennen. Die einzelnen Ecken dann von der breiten Seite her aufrollen und die Hörnchen auf zwei mit Backpapier belegte Backbleche legen. Mit der restlichen Butter bestreichen. Dann bei 200 °C Ober-/Unterhitze ca. 15 Minuten backen – bis sie leicht goldbraun sind.

Bestes – *Rezept*

www.tinastausendschoen.de

Schokoladen-Zwetschgen-Kuchen

Vegetarisch

Zutaten für 10–12 Personen
Zubereitungszeit: 25 Minuten
Backzeit: ca. 50 Minuten

Zutaten:

ca. 600 g Zwetschgen
120 g Schokolade (70 % Kakao)
120 g glutenfreies Mehl
1 TL Backpulver (glutenfrei)
210 g Kokosöl
150 g Kristallzucker
4 Eier
120 g geriebene Walnüsse

Außerdem

Puderzucker zum Bestäuben
Schlagsahne nach Belieben

Und so wird's gemacht:

1. Backofen auf 160°C Umluft (180 °C Ober-/Unterhitze) vorheizen. Zwetschgen waschen, entkernen und halbieren oder große vierteln.

2. Schokolade reiben. Glutenfreies Mehl sieben und dieses mit dem Backpulver vermengen.

3. Kokosöl mit Zucker (wer es lieber süßer mag, kann auch bis zu 60 g mehr Zucker verwenden) und 3 Eiern mit einem Handruhrgerät gut verrühren.

4. Nun Schokolade, geriebene Nüsse und die Mehl-Mischung unterheben. Zum Schluss ein ganzes Ei unterheben.

5. Masse in eine gefettete, runde Springform geben, mit Zwetschgen belegen und den Kuchen im vorgeheizten Ofen ca. 50 Minuten fertig backen. Zum Schluss mit Puderzucker bestäuben und nach Belieben mit Schlagsahne servieren.

Bester Blog – *Gesamt*

www.foodtastic.at

Schwarzwälder-Kirsch-Brownies

Vegetarisch Ohne Nüsse

Zutaten für 12 Stück
Zubereitungszeit: 30 Minuten
Backzeit: 30–35 Minuten

Für die Brownies:

120 g Mehl
1 Prise Salz
150 g Zartbitterschokolade
220 g Butter
220 g Zucker
2 Eier

Für den Belag:

3 EL Kirschwasser
½ Glas Schattenmorellen
oder 100 g frische Kirschen
5 EL Wasser
1 EL Zucker
360 ml Sahne
60 g Puderzucker

Für die Dekoration:

frische Kirschen zur Dekoration

Und so wird's gemacht:

1. Eine 30 x 30 cm große Backform fetten und mit Mehl bestäuben oder mit Backpapier auslegen. Backofen auf 180 °C Ober-/Unterhitze vorheizen.

2. Mehl mit Salz vermengen und beiseitestellen. Schokolade klein hacken und mit Butter in einem Topf bei mittlerer Hitze schmelzen lassen. Vom Herd nehmen und Zucker einrühren und abkühlen lassen. Eier anschließend unter ständigem Rühren hinzugeben. Zum Schluss die Mehlmasse langsam mit einem Holzlöffel unterheben. Den Teig nun in die Form geben und ca. 30–35 Minuten backen. Abkühlen lassen. Anschließend mit einem Zahnstocher kleine Löcher in den Kuchen stechen und mit dem Kirschwasser bepinseln.

3. Schattenmorellen oder entkernte Kirschen halbieren und mit etwas Wasser und Zucker köcheln lassen, bis die Flüssigkeit halbiert ist. Abkühlen lassen. In dieser Zeit Sahne mit Puderzucker steif schlagen. Nun die abgekühlte Kirschmasse unterheben und darauf achten, nicht zu viel zu rühren. Diese Sahne nun auf dem Brownie verteilen und den Kuchen in 12 Stücke schneiden. Nach Belieben mit je einer Kirsche verzieren.

Bester Blog – *Englisch*

www.birdslikecake.de

Vanilletörtchen

Vegetarisch Ohne Nüsse

Zutaten für 9 Personen
Zubereitungszeit: 60 Minuten
Backzeit: 30 Minuten

Für die Teigböden:

4 Eier
160 g Zucker
1 EL Vanillezucker
100 ml Milch
100 ml Rapsöl
2 EL Vanille-Extrakt
200 g Mehl
1 Pck. Backpulver

Für die Buttercreme:

250 g weiche Butter
300 g gesiebten Puderzucker
1 EL Vanillezucker
Lebensmittelfarbe

Optional zum Garnieren:

einige essbare Blüten

Und so wird's gemacht:

1. Den Ofen auf 180 °C Ober-/Unterhitze vorheizen. Drei Backformen (Durchmesser 15 cm) einfetten und mit Mehl bestäuben.

2. Die Eier trennen. Die Eiweiße steif schlagen und beiseitestellen. Die Eigelbe mit dem Zucker und dem Vanillezucker cremig rühren. Milch, Öl sowie das Vanille-Extrakt unterrühren.

3. Mehl mit dem Backpulver vermengen, über die Masse sieben und einarbeiten. Dann den Eischnee sanft unterheben. Den Teig dritteln und in die Formen geben. Etwa 30 Minuten (Stäbchenprobe) backen, auskühlen lassen, aus den Formen lösen, je waagerecht dritteln.

4. Die weiche Butter mit dem Puderzucker, Vanillezucker und etwas Lebensmittelfarbe mehrere Minuten schaumig schlagen. Bis zur Verwendung bei Zimmertemperatur lagern.

5. Die Böden evtl. mit einem scharfen Messer begradigen. Die Creme nochmals kurz aufschlagen. Auf jeweils die unteren Böden etwa 3 EL der Creme geben und glatt streichen. Die zweiten Böden darauf setzen und ebenfalls mit der Creme bedecken. Nun die dritten Böden auflegen und die Törtchen mit der Buttercreme einkleiden. Evtl. das hübsche Ding mit ein paar essbaren Blüten dekorieren – und fertig!

TIPP: Zunächst das Törtchen mit einer dünnen Cremeschicht ummanteln und für etwa 10 Minuten in den Kühlschrank stellen. So lösen sich keine Krümelchen mehr und man kann dann mit dem Rest der Creme das Törtchen leichter einkleiden.

Bestes – *Food-Picture*

www.fraeulein-gluecklich.blogspot.co.at

Power Cookies

Vegan Laktosefrei Glutenfrei

Zutaten für 30 Stück
Zubereitungszeit: 15 Minuten
ca. 20 Minuten Backzeit

Zutaten:

1–2 EL Chia-Samen
4 Aprikosen (oder andere Früchte wie Apfel, Banane oder evtl. auch getrocknete Aprikosen)
½ Zitrone
325 g Buchweizenflocken
½ TL Vanillepulver
½ TL Salz
10 Datteln entkernt
ca. 50 ml Kokosöl
175 g Mandelmus
60 ml Ahornsirup
150 g Apfelmus (ungesüßt)
40 g Cranberrys
ca. 40 g Kürbiskerne

Und so wird's gemacht:

1. Backofen auf 180 °C Umluft (200 °C Ober-/Unterhitze) vorheizen. Chia-Samen mit 3–5 EL Wasser anrühren und zur Seite stellen. Aprikosen entkernen, vierteln. Zitrone pressen.

2. In einer Küchenmaschine oder einem Mixer ca. ⅓ der Buchweizenflocken zu einem groben Mehl mahlen. Buchweizenflocken, das gemahlene Buchweizenmehl, Vanille oder Süßes Zaubergewürz und Salz in einer Schüssel vermengen.

3. Datteln mit einer Gabel zerdrücken. Kokosöl in einem Topf zergehen lassen. Mandelmus und Datteln hinzugeben, alles gut vermengen und bei mittlerer Hitze vorsichtig köcheln lassen (Achtung: Aufpassen, dass das Mandelmus nicht anbrennt!).

4. Nun die trockenen Zutaten mit der Mandel-Dattel-Masse, dem Zitronensaft, den Chia-Samen, dem Ahornsirup, dem Apfelmus und den Aprikosen in einer Küchenmaschine gut durchmixen. Falls die Masse zu trocken ist, evtl. noch etwas flüssiges Kokosöl hinzugeben. Masse in eine Schüssel geben und Cranberrys und Kürbiskerne unterheben.

5. Nun aus dem Teig mittelgroße Kugeln formen und diese auf ein mit Backpapier belegtes Blech legen. Mit einem Esslöffel (am besten die Unterseite des Löffels immer wieder in ein glutenfreies Mehl tunken) die Bällchen flach drücken und die Cookies im vorgeheizten Ofen ca. 15–20 Minuten backen. Sie halten sich in einer Keksdose ca. 1 Woche.

Bester Blog – *Design*

www.foodtastic.at

Blueberry Cheesecake

Vegetarisch Ohne Nüsse

Zutaten für 4 Personen
Zubereitungszeit: 50 Minuten
Backzeit: 30 Minuten

Für den Mürbeteig:

300 g Mehl
100 g Zucker
1 Prise Salz
1 Ei
200 g kalte Butter

Für die Blaubeermasse:

1 Glas Blaubeeren
200 g Himbeerkonfitüre
2 TL Speisestärke

Für den Belag:

500 g Magerquark
300 g Doppelrahmfrischkäse
1 TL fein abgeriebene Bio-Orangenschale
100 g Zucker
2 Pck. Vanillezucker
3 Eier (Klasse M)
80 g Mehl

Für die Blaubeersoße:

Saft der Blaubeeren aus dem Glas (siehe oben)
100 g Zucker
200 g Blaubeeren frisch

Und so wird's gemacht:

1. Das Mehl auf die Arbeitsfläche geben und in die Mitte eine Mulde drücken. Den Zucker, das Salz und das Ei in die Mulde geben. Butter in Flöckchen auf das Mehl setzen. Alle Zutaten schnell zu einem glatten Teig verarbeiten. Anschließend den Teig zugedeckt im Kühlschrank 30 Minuten ruhen lassen.

2. Die Blaubeeren abtropfen lassen. Den Saft auffangen. Blaubeeren zusammen mit der Konfitüre fein pürieren und die Speisestärke hinzugeben.

3. Quark, Frischkäse, Orangenschale, Zucker und Vanillezucker mit den Quirlen eines Handrührers 5 Minuten cremig rühren. Eier nacheinander jeweils ½ Minute unterrühren. Mehl kurz unterrühren.

4. Den Mürbeteig auf einer bemehlten Arbeitsfläche 0,5 cm dick ausrollen. Anschließend in die gefettete Springform (28er- oder zweimal eine 19er-Form) geben. Die Hälfte der Frischkäsecreme in die Springform streichen. Dann die Hälfte der Blaubeermasse hinzugeben und glatt verstreichen. Nun die restliche Quarkmasse oben draufgeben. Mit einem Löffelrücken Mulden in die Creme drücken und den Rest Heidelbeermasse in die Mulden geben. Im vorgeheizten Ofen bei 170 Grad Ober-/Unterhitze 30 Minuten backen. In der Form auf einem Gitter 1 Stunde bei Zimmertemperatur abkühlen lassen.

5. Für die Soße den Saft der Blaubeeren aus dem Glas erhitzen. Nun den Zucker hinzugeben. Das Ganze reduzieren lassen, bis es für euch die gewünschte Konsistenz bekommen hat. Kurz vor Schluss dann die frischen Blaubeeren hinzugeben und zu dem Käsekuchen servieren.

BurdaLife – *Leserpreis*

Tine & Jasmin, Tanja & Carina

www.foodistas.de

Getränke

Cremiger Eiskaffee mit Karottensaft

Vegetarisch Ohne Nüsse

Zutaten für 4 Personen
Zubereitungszeit: 20 Minuten

Für den Kaffee:

1 Becher Schlagsahne
3–4 Eiswürfel
4 Espresso/Kaffee
ca. 600 ml frischer Karottensaft
4 TL gehackte Pistazien

Für das persische Safraneis:

½ TL Safranfäden
eine Prise Zucker
ca. 2 EL Milch
0,5 l Vanilleeis
2–3 EL ungesalzene Pistazien
1 EL Rosenwasser

Optional zum Garnieren:

Gewürzblütenzucker

Und so wird's gemacht:

1. Für das Eis Safranfäden in einen Mörser geben. Ofen auf 50 °C Ober-/Unterhitze vorheizen und sobald der Ofen warm ist, Mörser mit den Safranfäden einige Minuten erwärmen. Eine Prise Zucker hinzugeben und alles gut mörsern. Nun Milch hinzugießen und 15 Minuten ziehen lassen. Die Milchsäure ist dafür zuständig, dass die Zellen der Safranfäden geöffnet werden und das Aroma austritt.

2. Vanilleeis aus dem Gefrierfach nehmen, etwas antauen lassen und in eine Schüssel umfüllen. Sobald das Eis etwas weicher wird, durchmischen. Safran, gehackte Pistazien und das Rosenwasser kräftig unterrühren. Das Eis wieder in die Gefriertruhe geben und dann bis zum Gebrauch dort lassen.

3. Für den persischen Eiskaffee Schlagsahne schlagen. Je 2 Eiskugeln vom Safraneis und je 1 Eiswürfel in ein Glas mit frisch gebrühtem Espresso oder Kaffee geben. Je 150 ml Karottensaft darübergießen, eine Haube Schlagsahne daraufgeben. Mit gehackten Pistazien und evtl. Gewürzblütenzucker bestreuen.

Bester Blog – *Gesamt*

www.foodtastic.at

Mediterrane heiße Limonade

Vegan Laktosefrei Glutenfrei Ohne Nüsse

Zutaten für 2 Personen
Zubereitungszeit: 10 Minuten

Zutaten:

0,5 l Wasser
Saft von 1 Zitrone
½ Granatapfel
2 Zweige frische Minze
einige Zitronenscheiben
1 EL Honig

Wer sagt denn, dass Limonade nur ein Sommergetränk ist? Diese heiße Version schmeckt nicht nur unglaublich lecker, sondern sie stärkt auch das Immunsystem!

Und so wird's gemacht:

1. Das Wasser zum Kochen bringen. Den Saft der Zitrone auspressen. Die Granatapfel-Hälfte entkernen. Die Minz-Zweige kurz waschen.

2. Alles in eine Karaffe oder Teekanne geben oder direkt in 2 Tassen oder Gläser. Dabei die Granatapfelkerne leicht andrücken, bis etwas Saft herauskommt. Mit heißem Wasser übergießen, ein paar Zitronenscheiben hinzugeben und nach Wunsch mit Honig süßen. Fertig!

Bester Blog – *Englisch*

www.mediterranealicious.com

Brombeer-Açaí-Smoothie

Vegan Laktosefrei Glutenfrei Ohne Nüsse

Zutaten für 1 großes Glas
Zubereitungszeit: ca. 15 Minuten

Zutaten:

80 g schwarze Brombeeren
1 Banane
125 ml Wasser
80 g gefrorene schwarze Johannisbeeren
2 gehäufte TL Açaí-Pulver
1 EL Reissirup (optional)

Mein Morgenritual? Ein Glas voller Immunpower und frischem Geschmack.

Und so wird's gemacht:

1. Die Brombeeren kurz und gründlich mit heißem Wasser abwaschen. Die Banane schälen und in drei gleich große Stücke schneiden.

2. Wasser in den Standmixer füllen und die Brombeeren, Banane, Johannisbeeren und Açaí-Pulver hinzugeben. Alles 2–3 Minuten mixen, bis eine glatte Masse entsteht. Je nach Bedarf mit etwas Reissirup abschmecken. Den Smoothie in ein großes Glas füllen und sofort genießen.

Tipp: Wenn du die Banane am Vorabend schälst, in kleine Stücke schneidest und einfrierst, wird aus dem Smoothie am Morgen schnell eine Smoothie-Bowl. Als Topping passen getrocknete Goji-Beeren, Granola oder geröstete Mandelsplitter.

Bester Blog – *Vegan*

www.mandelmilchcashewmus.de

Zitronen-Himbeer-Limonade

Vegan Laktosefrei Glutenfrei Ohne Nüsse

Zutaten für etwa 3 große Gläser
Zubereitungszeit: ca. 15 Minuten

Zutaten:

4 Zitronen
90 g Himbeeren (TK oder frisch)
750 ml kochend heißes Wasser
110 g Zucker
Eiswürfel
etwas Minze

Und so wird's gemacht:

1. Die Zitronen auspressen. Die Himbeeren waschen und in ein hohes Gefäß geben. Nun etwas Wasser einfüllen, bis die Himbeeren fast bedeckt sind. Mit dem Zauberstab pürieren und den Zitronensaft, das heiße Wasser und den Zucker hinzufügen. Alles gut verrühren, danach kalt stellen.

2. Wenn die Limonade kalt ist, einfach durch ein Haarsieb in eine große Kanne füllen. Mit Eiswürfeln und einigen frischen Minzblättchen servieren.

Bester Blog – *Gesamt*

www.ihana.eu

Erdbeer-Shake mit rotem Pfeffer

Vegan Laktosefrei Glutenfrei

Zutaten für 1 großes Glas
Zubereitungszeit: ca. 10 Minuten

Zutaten:

50 g Cashewkerne
150 ml Wasser
150 g Erdbeeren (frisch oder gefroren)
1 TL Vanilleextrakt
1 EL Ahornsirup
½ TL rote Pfefferbeeren

Ein Klassiker mit besonderer Note: Dieser Erdbeer-Shake erhält durch ein paar rote Pfefferbeeren einen besonderen Kick. Cashews machen ihn herrlich cremig.

Und so wird's gemacht:

1. Die Cashewkerne 30 Minuten in kaltem Wasser einweichen.

2. Die eingeweichten Cashewkerne und das Wasser im Standmixer zu einer glatten Cashewmilch pürieren. Die Erdbeeren hinzugeben und alles zu einem Shake mixen. Nach und nach Vanille, Ahornsirup und Pfefferbeeren hinzugeben und immer wieder alles glatt mixen.

3. Den Shake mit ein paar gefrorenen Beeren und Pfefferbeeren garnieren.

Bester Blog – *Nachhaltigkeit*

www.mandelmilchcashewmus.de

Marokkanische Sangria

Vegan Laktosefrei Glutenfrei Ohne Nüsse

Zutaten für 4 Personen
Zubereitungszeit: 35 Minuten

Zutaten:

400 g brauner Zucker
400 ml Wasser
2 Limetten
3 TL Zimtblüten
2 TL Anis
4 Pfirsiche
4 Feigen
2 l Traubensaft
2 l Sodawasser
Rosenblätter
1 Bund Minze

Und so wird's gemacht:

1. Für den Sirup den Zucker in einem Topf auflösen, das Wasser hinzugeben. Die Hitze leicht reduzieren. Die Limetten auspressen und den Saft hinzugeben. In einer kleinen Pfanne die Zimtblüten und den Anis leicht anrösten. Zum Sirup geben und einköcheln lassen (ca. 10 Minuten). Abkühlen lassen.

2. Für die Bowle nun die Pfirsiche und die Feigen vierteln, in das Bowlegefäß geben. Den Traubensaft und das Sodawasser hinzugeben. Nach Belieben den Sirup (etwa 100 ml) dazugeben. Rosenblätter für die Deko und Minzblätter für den feinen Geschmack zur Bowle geben.

Tipp: Wenn ihr mögt, könnt ihr für eine alkoholische Variante den Traubensaft auch durch Weißwein ersetzen.

BurdaLife – *Leserpreis*

www.foodistas.de

Superfruit-Smoothie

Vegan Laktosefrei Glutenfrei

Zutaten für 1–3 Gläser
Zubereitungszeit: 5 Minuten

Zutaten:

1 daumendickes Stück Ingwer (etwa 1 cm)
1 mittelgroße Bio-Orange
2 reife Bananen
140 ml Mandelmilch
2 EL Goji-Beeren
1 Handvoll Eiswürfel

Optional zum Garnieren:

Orangen
Goji-Beeren

Mit diesem Superfruit-Smoothie hole ich mir auch im tiefsten Winter ein Stück Sommer ins Haus.

Und so wird's gemacht:

1. Den Ingwer schälen, fein reiben. Etwa die Hälfte der Orangenschale fein abreiben. Dann die Orange auspressen. Mit den übrigen Zutaten in einen Mixer geben und zu einem cremigen Smoothie mixen.

2. In Gläser füllen und je nach Wunsch mit Orangenscheiben oder Goji-Beeren garnieren.

Bester Blog – *Backen*

www.backbube.com

Grüner Smoothie

Vegan Laktosefrei Glutenfrei

Zutaten für 4 Portionen
Zubereitungszeit: 10 Minuten

Für den Smoothie:

3–4 Blätter Grünkohl
5–6 Blätter Minze
1 Banane
1 Avocado
1 Limette
1–2 EL Kokosöl
100 ml Orangensaft
300 ml Wasser

Und so wird's gemacht:

1. Grünkohl und Minze waschen und trocken schleudern. Banane schälen und in Stücke teilen. Avocado halbieren und Fruchtfleisch auslösen. Limette auspressen. Die Zutaten in einen leistungsstarken Mixer geben und kräftig mixen.

2. Zum Schluss Kokosöl, Orangensaft und Wasser dazugeben und nochmals kräftig durchmixen.

Bester Blog – *Nachhaltigkeit*

www.goats.today

Blaubeer-Smoothie mit Minze

Vegan Laktosefrei Glutenfrei Ohne Nüsse

Zutaten für 2 Personen
Zubereitungszeit: 10 Minuten

Zutaten:

15 g Chia-Samen
ca. 325 ml Wasser
100 g Blaubeeren
5 Minzblätter
1 Banane
⅛ Honigmelone
1 Spritzer Zitronensaft

Und so wird's gemacht:

1. Chia-Samen mit 125 ml Wasser verrühren und 10–15 Minuten quellen lassen.

2. Die Blaubeeren und Minzblätter waschen. Die Banane und die Honigmelone in grobe Stücke schneiden und alle Zutaten zusammen mit etwas Zitronensaft, 1 EL Chia-Gel und ca. 200 ml Wasser in einem Standmixer pürieren.

Tipp: Das Chia-Gel hält sich in einem verschlossenen Gefäß im Kühlschrank ein paar Tage.

Bester Blog – *Backen*

www.monsieurmuffin.de

Mozart-Martini

Vegetarisch

Zutaten für 2 Personen
Zubereitungszeit: ca. 20 Minuten

Zutaten:

100 g Zartbitterschokolade
50 g gehackte Pistazien
30 g Nugatmasse
5 cl Schokoladenlikör
4 cl Vanille-Wodka
1 cl Amaretto
3 cl Sahne
Eiswürfel

Und so wird's gemacht:

1. Zwei Martini-Gläser im Kühlschrank vorkühlen. Zartbitterschokolade schmelzen und in eine flache Schüssel geben. Die gehackten Pistazien ebenfalls in eine flache Schüssel geben. Die Gläser nun mit dem Rand zuerst in die Schokolade, dann in die gehackten Pistazien tunken. Im Kühlschrank festwerden lassen.

2. Die Nugatmasse in der Mikrowelle oder in einem kleinen Topf schmelzen. Die Gläser von innen mit je 1 TL flüssigem Nugat beträufeln. Wieder in den Kühlschrank stellen.

3. Den Schokoladenlikör, Vanille-Wodka, Amaretto und die Sahne mit ein paar Eiswürfeln in einen Shaker geben und gut mischen. Wer keinen Shaker hat, verrührt die Zutaten einfach in einem Messbecher. Den Mozart-Martini in die gekühlten Gläser füllen und sofort genießen.

Bestes – Food-Picture

www.foodlovin.de

Impressum

Das **FOODBOOK** erscheint in der
Medien Innovation GmbH
Hubert-Burda-Platz 1
77652 Offenburg
Tel. 07 81/84 52 35
E-Mail: laura.hennig@burda.com

Chefredakteurin: Gabriele Mühlen (V.i.S.d.P.)

Stellv. Chefredakteur: Heinrich Ackermann
Redaktion: Kathrin Auer (Volontärin), Monique Doepel,
Laura Hennig (Ass.)
Grafisches Konzept und Layout: Daniela Unterstab
Fotoredaktion: Victoria Schneider
Schlussredaktion: Thomas Schäfer (fr.)
Herstellung: Melanie Räpple

Geschäftsführung: Reinhold G. Hubert, Frank-Jörg Ohlhorst

Managing Director: Nina Winter

Vertrieb: MZV GmbH & Co. KG,
85716 Unterschleißheim, www.mzv.de
Vertriebsleitung: Jochen Böhler

Repro: Medienpartner International GmbH
Druck: B&K Offsetdruck, Ottersweier

www.facebook.com/foodbookbyblogger

BurdaLife

Titelfotos: www.eat-this.org, www.foodviewberlin.com, www.mandelmilchcashewmus.de, www.tinastausendschoen.de (2). **Rücktitelfoto:** StockFood/Elms. **Fotos:** Michael Gregonowits (S. 3), JAP-Fotografie (S. 6, 111, 142), Maike Jessen (S. 3), Sylvia Jost/www.sylviesgerichte-kueche.de (S. 8, 70, 71), M. Nass/BrauerPhotos für BurdaLife (S. 6, 7, 13, 26, 32-33, 55, 76, 77, 78, 95, 102-103, 124, 126, 141), Carsten Schaupp (S. 8, 17, 25, 40, 88), StockFood/Atkinson (S. 150), www.backbube.com (S. 110, 143), www.birdslikecake.de (S. 6, 118, 119), www.eat-this.org (S. 6, 52, 53, 64, 65, 90, 91), www.flowersonmyplate.de (S. 6, 58, 59, 100, 101), www.foodistas.de (S. 54, 125, 140), www.foodlovin.de (S. 7, 30, 31, 36, 37, 148, 149), www.foodtastic.at (S. 7, 116, 117, 122, 123, 130, 131), www.foodview-berlin.com (S. 2, 4, 12, 27, 94), www.fraeulein-gluecklich.blogspot.co.at (S. 7, 82, 83, 120, 121), www.geschmeidigekoestlich-keiten.at (S. 7, 62, 63, 98, 99), www.goats.today (S. 7, 50, 51, 66, 67, 144, 145), www.guteguete.at (S. 6, 48, 49, 72, 73), www.highfoodality.com (S. 7, 18, 19, 44, 45), www.ihana.eu (S. 7, 46, 47, 136, 137), www.lisbeths.de (S. 7, 86, 87, 96, 97, 106, 107), www.mandelmilchcashewmus.de (S. 8, 22, 23, 134, 135, 138, 139), www.mediterranealicious.com (S. 8, 28, 29, 42, 43, 84, 85, 132, 133), www.monsieurmuffin.de (S. 8, 14, 15, 108, 109, 112, 113, 146, 147), www.tinastausendschoen.de (S. 8, 20, 21, 56, 57, 60, 61, 114, 115), www.trickytine.com (S. 16, 24, 41, 89), www.veggi.es (S. 8, 38, 39, 92, 93), www.vielweib.de (S. 8, 74, 75). Icons: Fotolia (Backen, Getränke, Glutenfrei, Kleinigkeiten, Kulinarische Events, Low Carb, Ohne Nüsse, Süßes, Vegetarisch), Daniela Unterstab (Hauptmahlzeiten, Laktosefrei, Vegan, Zuckerfrei)